# はじめに

本書はプログラミングにウェートを置いた Python の入門書である.

「Python」がタイトルに入る書籍であっても，その重心は Python から利用できるライブラリの説明にあるものが多いようだ．本書はデータサイエンス・人工知能を視野に入れつつ，もう少しプログラミングの学習を進める．想定する読者は，Python の文法は一応覚えたがプログラミングはまだまだという高校生や大学生である.

正しいプログラム，効率のいいプログラム，美しいプログラムを書くにはトレーニングが不可欠．トレーニング不足の大学生が書いたコードはごちゃごちゃで，何をプログラムしたのかわからない．いきおい，コードの丸暗記で期末試験を乗り越えようとする人がたくさん．そもそも意味を理解しない丸暗記ではプログラミングの醍醐味は味わえず，単位取得の見込みも薄い．残念ながら「読む」ことを文字を左から右へ追う「スキャン」，「書く」ことを「コピペ」と誤解している大学生は少なくなさそうだ.

この機会に，物事を論理的に考え，その内容を他人にも読みやすいプログラムとして書き下すトレーニングを Python で進めよう．トレーニングの効果はプログラミング以外の分野にも敷衍するはず.

Python は現在もっとも人気の高いコンピュータ言語のひとつだが，初心者が学ぶ言語としてはベストのものではないかもしれない．人気を博しつつ改良が加えられて今の姿になったというのが偽らざるストーリーで，後から付け加えられた一貫性を欠く部分，教育的とはいいにくい部分が Python にはある．例えば，中途半端な型指定などは学習に適するとはいえず，ラムダ計算やオブジェクト指向は Python 以外の言語で学ぶ方がいいだろう[1].

---

[1] さらに，Python やライブラリが自動でバージョンアップしたがために，それまで動いていたプログラムが動かなくなるなど，言語以外の部分で初心者を苦しめることも多い．授業期間の半年にわたって「Python が動かなくなりました」がそこかしこで発生し，そのサポートに時間と労力を割かれる．バージョンの差異を吸収するために導入した仮想環境が逆に円滑な学習を阻害するなどは本末転倒の最たるものだ.

しかし，Python は間違いなく実用的である．趨勢に合わせ，柔軟に姿形を変えてきた優等生であり，教科書以外の情報源もネット等に豊富に見つかる．ベストではなくても Python は悪い選択ではない．プログラミング的考え方をPython で身につけられれば，Python 以外のプログラミング言語も容易に使いこなせるようになる．そういうつもりで，「Python を学ぶ」よりも，「Pythonで学ぶ」のスタンスで本書を読んでほしい．

学習を進めるために，オンラインのサイトを設けている．

- https://py99.melt.kyutech.ac.jp
  受講生は課題を学期中にすべて解くこと．解くだけでなく，他の受講生たちや先輩がどんな回答をつけたのか，読んで，学ぼう．問題は本書の付録に収録している．

- https://qa.melt.kyutech.ac.jp
  上の py99 や授業中にわからなかったことは，臆せず，このオンラインQA サイトに質問しよう．

いずれのサイトも利用にはアカウント・パスワードが必要である．授業中に説明する．

---

本書で奨励するように，管理者権限のない別アカウントを PC に作り，Python/VSCodeをそのアカウントでインストールすることが一番シンプルで問題が少ない．ビデオやおしゃべり，ネットで買い物はいつものアカウントでやる．Python の学習は別アカウントで．

# 目　　次

| | | |
|---|---|---|
| **第 1 章　準備** | | **1** |
| 1.1 | 空白文字を含まない英文字アカウント ............... | 1 |
| 1.2 | Python, VSCode のインストール ................... | 2 |
| 1.3 | 拡張機能の追加 ................................. | 5 |
| 1.4 | VSCode の設定 ................................. | 6 |
| 1.5 | キーボードショートカット ....................... | 8 |
| 1.6 | アップデート ................................... | 9 |
| 1.7 | VSCode の起動は "`code .`"...................... | 9 |
| **第 2 章　Python ひと巡り** | | **11** |
| 2.1 | ターミナルで Python............................. | 11 |
| 2.2 | 四則演算 ....................................... | 12 |
| 2.3 | 名前 ........................................... | 15 |
| 2.4 | 文字列 ......................................... | 16 |
| 2.5 | タプル，リスト ................................. | 18 |
| 2.6 | セット ......................................... | 19 |
| 2.7 | 辞書 ........................................... | 21 |
| 2.8 | ライブラリの利用 ............................... | 22 |
| 2.9 | プログラミング ................................. | 23 |
| **第 3 章　関数** | | **25** |
| 3.1 | プログラムは関数の集まり ....................... | 25 |
| 3.2 | 関数と発電所 ................................... | 25 |
| 3.3 | 関数を定義する ................................. | 26 |
| 3.4 | 定義した関数を呼び出す ......................... | 28 |
| 3.5 | docstring ...................................... | 30 |
| 3.6 | `return` と `print()` を区別する .................. | 31 |

iv 目 次

| | | |
|---|---|---|
| 3.7 | 引数 ........................................ | 34 |
| 3.8 | スコープ .................................... | 38 |

**第 4 章 プログラムの流れ**      **41**

| | | |
|---|---|---|
| 4.1 | 分岐 ........................................ | 41 |
| 4.2 | ループ ...................................... | 45 |
| 4.3 | 例外 ........................................ | 54 |
| 4.4 | 並行処理 .................................... | 59 |

**第 5 章 ファイル**      **63**

| | | |
|---|---|---|
| 5.1 | ファイルに書く .............................. | 63 |
| 5.2 | ファイルを読む .............................. | 67 |
| 5.3 | ファイルを消す・ファイル名一覧 ............... | 68 |

**第 6 章 テストとデバッグ**      **69**

| | | |
|---|---|---|
| 6.1 | プリントテスト .............................. | 69 |
| 6.2 | デバッガ .................................... | 73 |
| 6.3 | doctest ..................................... | 74 |

**第 7 章 ライブラリ**      **77**

| | | |
|---|---|---|
| 7.1 | 組み込み，標準，外部ライブラリ ............... | 77 |
| 7.2 | ライブラリのインポート ...................... | 78 |
| 7.3 | 自作プログラムをインポートする ............... | 80 |

**第 8 章 再帰関数**      **84**

| | | |
|---|---|---|
| 8.1 | 再帰的に考える .............................. | 84 |
| 8.2 | 末尾再帰関数 ................................ | 88 |
| 8.3 | 再帰を味わう ................................ | 91 |

**第 9 章 高階関数・無名関数**      **97**

| | | |
|---|---|---|
| 9.1 | map, filter ................................. | 97 |
| 9.2 | 高階関数をプログラムする .................... | 102 |
| 9.3 | 無名関数 .................................... | 108 |
| 9.4 | 関数を戻り値とする関数 ...................... | 110 |

目　次　v

## 第 10 章 スピードアップ　　　112

10.1　孫子の問題（改） . . . . . . . . . . . . . . . . . . . . . . . . . . . . . 113

10.2　約数のリスト divisors(n) . . . . . . . . . . . . . . . . . . . . 114

10.3　素数判定 is_prime(n) . . . . . . . . . . . . . . . . . . . . . . . 116

10.4　maxen(xs) . . . . . . . . . . . . . . . . . . . . . . . . . . . . . . . . . 117

10.5　ビンゴゲーム bingo(n) . . . . . . . . . . . . . . . . . . . . . . . 118

10.6　最大公約数 gcd2(x,y) . . . . . . . . . . . . . . . . . . . . . . . . 120

10.7　回文数を探せ . . . . . . . . . . . . . . . . . . . . . . . . . . . . . . . 122

## 第 11 章 画像処理　　　127

11.1　ピクセル . . . . . . . . . . . . . . . . . . . . . . . . . . . . . . . . . . . 127

11.2　ウィンドウを塗りつぶす . . . . . . . . . . . . . . . . . . . . . . 129

11.3　イメージファイルの読み込みと表示 . . . . . . . . . . . . . 134

11.4　イメージをファイルに書き出す . . . . . . . . . . . . . . . . . 135

11.5　カメラからのイメージの読み込み . . . . . . . . . . . . . . . 135

11.6　画像変換 . . . . . . . . . . . . . . . . . . . . . . . . . . . . . . . . . . . 136

11.7　画像を比較する . . . . . . . . . . . . . . . . . . . . . . . . . . . . . 144

11.8　画像解析 . . . . . . . . . . . . . . . . . . . . . . . . . . . . . . . . . . . 145

## 第 12 章 Web アプリ　　　149

12.1　URL . . . . . . . . . . . . . . . . . . . . . . . . . . . . . . . . . . . . . . . 150

12.2　Bottle is nice . . . . . . . . . . . . . . . . . . . . . . . . . . . . . . . 151

12.3　関数 route( ) . . . . . . . . . . . . . . . . . . . . . . . . . . . . . . . 152

12.4　関数 template( ) . . . . . . . . . . . . . . . . . . . . . . . . . . . . 153

12.5　関数 run( ) . . . . . . . . . . . . . . . . . . . . . . . . . . . . . . . . . 156

12.6　メモ帳アプリを作る . . . . . . . . . . . . . . . . . . . . . . . . . . 157

## 付　録　　　167

A.1　組み込み関数（抜粋） . . . . . . . . . . . . . . . . . . . . . . . . . 167

A.2　Py99 . . . . . . . . . . . . . . . . . . . . . . . . . . . . . . . . . . . . . . . 174

## 索　引　　　183

# 準備

自身のPCでPythonを学習したい人はVSCodeとPythonをインストールしよう．VSCodeにBlack FormatterとFlake8（あるいはRuff）機能拡張を追加し，プログラムをセーブするファイルはプレーンなテキストファイル（拡張子は.py）とする．VSCodeでなくても，Emacsやviを使いこなせる人はそちらでもじゅうぶん．オンラインサイトreplit.comの利用も可．

## 1.1 空白文字を含まない英文字アカウント

パソコンにログインするとき，"大谷翔平"のような日本語や"Judo Love"のような空白文字の入ったユーザ名を使っていると，Pythonの実行に不都合が起きることがある．OneDrive上にPythonプログラムをセーブすると期待通りに動かないという案件が何例もあった．小賢しい対応策はあるらしいが，現状ではまだ全面的な解決には至ってはいない．

受講生にすすめるのは，自身のPCに新しく英文字ユーザアカウント（空白文字を含まない）を作り，情報系の授業，自主学習の際はそちらのアカウントでログイン，作成したコードはすべてローカルに保存するという，やや時代遅れのスタイルだ．その上で，ローカルに保存した自分のコードを定期的にUSBメモリやネットワーク上のストレージにバックアップできるようなら準備は満点．

Windowsに英文字ユーザアカウントを作るには，

1. 管理者アカウントでログイン，

## 2　第1章　準備

2. 設定 → アカウント → 他のユーザ，とメニューを進んで，アカウント
   の追加ボタンをクリック．

3. 最初の1文字は英文字，続いて英数字を数文字のアカウントを作成する．

4. 必要事項をタイプ入力して終わり．

管理者アカウントをサインアウトし，新規作成した英文字アカウントでログ
インしよう[※1]．

## 1.2　Python, VSCode のインストール

以下の URL を開くと授業用に準備したインストーラー setup.zip をダウン
ロードできる．

⇒ https://p.melt.kyutech.ac.jp/setup.zip

ダウンロード完了後，setup.zip を開き，フォルダ setup をデスクトップにコ
ピーする．フォルダの中身は，

- python-vscode-win.bat ... Windows 用インストールスクリプト．
- python-vscode-mac.sh ... Mac 用インストールスクリプト．
- python-vscode-wsl.sh ... WSL 用インストールスクリプト．
- hello.py ... インストール状況確認サンプル．サインカーブ，コサイン
  カーブのグラフを表示する．
- incam.py ... インストール状況確認サンプル．内向きカメラが起動する．
- face-detect.py ... インストール状況確認サンプル．内向きカメラでと
  らえた映像から人物認識をする．
- lib/ ... face-detect.py で利用するデータ．

となっている．

setup フォルダを右クリック，ターミナルを開くメニューを選んで，ターミ
ナルを開き，

---

```
> .\ python-vscode-win.bat
```

---

の後，Y を2回打つ．これで VSCode と Python，授業で利用予定のライブラ

---

[※1] 過去の授業で「Teams が動いていると VSCode，Python のインストールで失敗する」と
いう報告があった．念のため，Teams と OneDrive を自動で立ち上げる設定から外してお
こう．インストールが成功したら戻せば良い．

リが順にインストールされる.

---

**◆ コラム 1　Windows 10 の場合**

Windows 10 ではフォルダを何度右クリックしても「ターミナルを開く」メニューは出てこない. 別の方法でターミナルを開いた後,

1. 開いたターミナルで cd␣ (c と d とスペースの三つ) をタイプ

2. プログラムを作ろうとするフォルダをマウスでターミナルにドラッグドロップ,

3. そのあとキーボードのエンター

   > cd C:\Users\user\Desktop\setup

以上の操作が Windows 11 の「フォルダ上を右クリック, ターミナルを開くメニューを選ぶ」と同じ動作になる.

---

setup.zip がダウンロードできない時は, 以下の三行を順にターミナルで実行する.

```
> winget install vscode
> winget install python
> python3 -m pip install matplotlib opencv-python
```

winget はアプリをインストール・管理するためのコマンド. Windows 11 には同梱されているが, 古めの Windows 10 には入っていない. winget が入ってない場合は, 次の URL を参考にインストールしよう.

https://learn.microsoft.com/windows/package-manager/winget/

### インストール状況を確認

ターミナルがプロンプトに戻ったらインストールは終了している. VSCode の設定はもうちょっと残っているが, その前にインストールの状況を確認してみよう.

先ほど開いたターミナルから,

```
> code .
```

でVSCodeが起動する．

左側ファイル一覧からhello.pyをダブルクリックで開いて，ウインドウ右上方の▷をクリックする．VSCodeがPythonを起動するために必要なパッケージのインストールがはじまる．インストール直後の起動には数十秒ほど待たされるが，画面には三角関数のグラフが表示される（図1.1）．

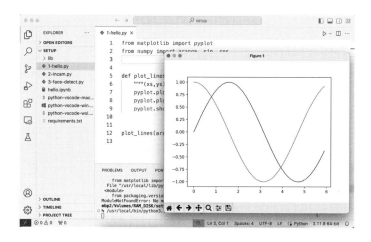

**図 1.1** VSCode/Pythonの準備完了．

表示されたグラフはキーボードの'q'をタイプすると閉じる．

hello.pyを開いてもVSCodeのメニューに▷が表示されないか，▷が表示されていてもクリックでグラフが表示されない場合，インストールに不備がある．エラーメッセージを読み，インストールの手順をもう一度，辿ってみよう．うまくいかないときは，できてる人に見てもらうか，教員にコンタクトしよう．

PCの内向きカメラが撮影可能な状態であることを確認してから，同様の手順でincam.pyを実行する．映像が表示されたら受講に必要なライブラリはインストールできている．

face-detect.pyは内向きカメラで撮影した映像中の人物を探すプログラム．実行するとカメラに映る人物の顔を緑の四角で追いかける．終了はキーボードの'q'．

## 1.3 拡張機能の追加

プログラミングを効果的にサポートしてくれる機能拡張モジュール Black Formatter と Flake8 を追加する[※2]。

立ち上がった VSCode のウィンドウ左側の Extensions ボタン を押し，Black Formatter と Flake8（または Ruff）を選んでインストールボタンを押す．

Black Formatter は入力したプログラムを標準フォーマットに書き換える．「Python のプログラムはこう書くべき」という強い主張を持っていて，軟弱ユーザーの好みを受け付けない．窮屈に感じることもあるだろう．しかし，Python は書いたプログラムの見かけが文法の一部となっている言語である．インデントの調整等，機械的にできる部分はコンピュータに任せた方がつまらないミスを防げる．また，本講義では他受講生のプログラムを読んで学ぶことを強く推奨する．提出されるプログラムのフォーマットがまちまちだとそれを読み取る部分でエネルギーを消費してしまう．受講生全員が標準フォーマットで課題を提出するようになると，個々人のプログラムスタイルの差異に気を取られることがなくなり，プログラム内容の把握に注力できる．

Flake8（または Ruff）は作成中の Python プログラムの文法をチェックし，間違いを見つけたら随時指摘し，一部は自動修正してくれる．これによりプログラミング中の些細なミスに悩むことが激減する．

---

[※2] Flake8 と同様の機能を提供する機能拡張モジュールに Ruff がある．Flake8 に代わって Ruff をインストールするのが最近の流行りだ．

## 1.4 VSCode の設定

もう少しだ．VSCode の設定メニューを開いて以下の二つを設定する．

- Files: Auto Save で onFocusChagne を選択．
  ウインドウを切り替える時や，プログラムを実行する直前に作成中のファイルを自動セーブする．これで「うっかりセーブ忘れ」を防げる．

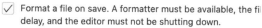

- Editor: Format On Save にチェックマークを入れる．
  作成したプログラムをセーブしようとすると，インデントや演算子まわりのスペース等が Black Formatter の調整を受けた後，セーブされる．

以上で準備は完了．お疲れ様でした．

---

◆コラム 2　Mac ユーザだったら

新しいパッケージ管理システム Poetry による仮想環境まで，Windows よりもひとっ飛びにすんなり行く．macOS は UNIX 系の OS であり，開発を助けるコマンドも豊富．プログラミング学習には Mac は Windows より好適だろう．

1.2 節でダウンロードした setup.zip にはマック用のインストールスクリプトも同梱してある．setup フォルダでターミナルを開いて，

```
% ./python-vscode-mac.sh
```

これで最新バージョンの Python のほか，授業で利用予定のライブラリ，poetry も一気にインストールできる．あとは Windows と同じ．Black Formatter/Flake8 の追加を忘れずに．

## ◆ コラム 3　WSL で VSCode/Python を利用する

Windows 上で Linux を使えるようにする Linux 用 Windows サブシステム (WSL) が Microsoft から提供されている.

WSL には,

- Linux のプログラミング環境を利用できる.
- WSL のファイルの読み書きは Windows のファイルのそれよりも速い.
- Linux のパッケージ管理システムを利用できる.
- 仮想環境の構築が楽.

などの利点がある. Python 以外の C や Java などのプログラミング言語や,データベース,Git や Ansible などの開発支援ツールの準備も極めて簡単だ.

WSL のインストーラは次の URL からダウンロードできる.

⇒ https://learn.microsoft.com/ja-jp/windows/wsl/install
(大学の情報センターなどからインストーラが提供されている場合もある. )

VSCode は WSL で別途インストールする必要はなく,Windows にインストールした VSCode を WSL から呼び出して利用することが奨励されている.

利用の方法はまったく簡単. WSL にログイン後,最初の「code .」による起動の際に,VS Code Server という Windows 側 VSCode を WSL で利用する仕組みが自動でインストールされる. インストール完了後,VSCode が立ち上がる. いったん,立ち上がると Windows で作業しているのと見分けがつかない.

次のことに注意しよう.

- Python は WSL 側にインストールしたバージョンが利用される.
- pip や仮想環境構築等のオペレーションは WSL で実行する.
- PC の内蔵カメラ等の周辺機器を WSL から利用するには追加の作業が必要.

## ◆ コラム 4　Docker

Docker (https://www.docker.com/) をインストールすると,設定の済んだ環境一式をネットからまとめて持ってこれるようになる. winget や brew を駆使して自身の PC に Python の環境を整える必要がなくなる.

```
> docker run -it python
Python 3.12.1 [GCC 12.2.0] on linux
>>> def hello():
...     print("Hello, World!")
...
```

```
>>> hello()
Hello, World!
```

　Python に限らず，ソフトウェアの世界では，プログラミング言語やライブラリのバージョンが違うことが原因でそれまで動いていたアプリが動かなくなることが往々にしてある．
　そのような不具合が発生しないよう，開発者，利用者ともに細かい神経を使う時代があったが，現在は，バージョンや使用するライブラリが違うセットを一台の PC 上に複数保持し，使い分けるというスタイルに進化している．
　さらに VSCode には，Docker との連携をスムーズにしてくれる dev container の機能がある．興味のある人は挑戦してみよう．

## 1.5　キーボードショートカット

　VSCode の操作はメニュー選択が基本だが，コピーやペーストの他，よく使う操作はショートカット操作を覚えると作業の効率アップにつながる．ショートカット一覧は設定メニューのキーボードショートカットで表示できる（表 1.1）．

**表 1.1**　キーボードショートカット（一部）．VSCode には他にもたくさんのショートカットが用意されている．

| 動作 | Windows | Mac |
|---|---|---|
| ショートカット一覧 | Ctrl + K Ctrl + R | ⌘K ⌘R |
| ショートカットを開く | Ctrl + K Ctrl + S | ⌘K ⌘S |
| ファイルを開く | Ctrl + P | ⌘P |
| すべてのコマンドを表示 | Shift + Ctrl + P | ⇧⌘P |
| 検索する | Ctrl + F | ⌘F |
| 複数のファイルを検索する | Shift + Ctrl + F | ⇧⌘F |
| 選択行のコメントオン・オフ | Ctrl + / | ⌘/ |
| タブを一つ残して閉じる | | ⌥⌘T |
| ターミナルを開く | Ctrl + @ | ⌃⇧` |
| ターミナルをクリア | | ⌘K |
| スクリーンを分割 | | ⌘\ |
| python を実行する | | ⌃F5 |

## 1.6 アップデート

　VSCode やその拡張機能は日夜，開発が進行している．新しいバージョンがインストール可能になると，VSCode のウィンドウ左下の歯車アイコンに白抜きの数字が表示される．そのアイコンをクリックでアップデートが開始される．

　**図 1.2**　アップデート可能アイコン．VSCode のサイドビュー下部に現れる．

　現バージョンがじゅうぶん気に入ってアップデートの必要はないと考えている時でも，普段使いには目の当たらないセキュリティ面の強化があったりする．アップデートを心がけよう．

　アップデートせずに長期間放っておくと，アップデート可能なバージョンとの差が開きすぎ，アップデートできなくなることもある．

## 1.7　VSCode の起動は "code ."

　デスクトップあるいは他の場所に作ったフォルダを右クリック「ターミナルを開く」メニューでターミナルを開き[※3]，そこで

```
> code .
```

で VSCode を立ち上げる．'code' は VSCode を立ち上げるコマンド，スペースの次の '.' は code コマンドが実行されたフォルダを表す．これによって，右クリックしたフォルダを作業フォルダとする VSCode が立ち上がる．

　*.py ファイルのアイコンをダブルクリックだと，VSCode 以外のアプリが立ち上がったり，VSCode が立ち上がった場合でも作業フォルダが目的のフォルダと別のフォルダとなって思わぬ不具合に遭うことになる．

---

[※3] 1 回目の右クリックでは「ターミナルを開く」メニューが現れない時がある．2 回目の右クリックで現れる．

## ◆コラム5 インストールせずに済ますには

`https://replit.com` でアカウントを作り，Create Repl ボタンから Python を選ぶとオンラインの Python 開発環境が手に入る．

`https://replit.com` にログインし，プログラムを作成，RUN させてみた．

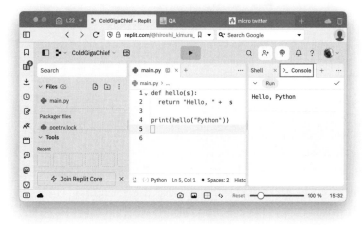

# Python ひと巡り

これまで学んだ Python をざっとおさらいしてみよう．前期の授業ノートを確認すること．後の章で説明するので，わからないことが少々あっても気にする必要はない．

## 2.1 ターミナルで Python

ターミナルを開き，`python3`↵ で Python インタプリタがスタートする．

```
> python3
Python 3.12.2 (main, Feb  6 2024, 20:19:44) [Clang 15.0.0
Type "help", "copyright", "credits" or "license" for more
>>>
```

VSCode が立ち上がっていたら，ターミナルメニューから新規ターミナル（ショートカットは `ctrl+@`，Mac であれば，`^⇧`'）で開く内部ターミナルで `python3`↵ してもよい．内部ターミナルはウィンドウを切り替えずに作業できるので楽だ．使い方は通常のターミナルと変わらない．

どちらのターミナルでも，何かに失敗して反応が無くなったりしたら，ターミナルを閉じてやり直せばいい．

**図 2.1** VSCode でターミナルを開いた（下半分）．クリックして，python3↵ で Python インタプリタが起動する．

## 2.2 四則演算

Python インタプリタは Python のプログラムをターミナルからひとつずつ，あるいはファイルから一気に読み込んで，それを実行する．

ターミナル左端に表示された ">>>" をプロンプトといい，Python が入力待ちしていることを表す．

プロンプトの右に式（Python プログラム）を入力し，↵ を押すと，入力した式の評価値を次の行に表示し，その後，次の行に新しいプロンプトを出して入力待ちになる．

エンターキー ↵ を打つまでにタイプしたプログラムが不完全だと，エラーを表示した後，プロンプトに戻る．

2.2 四則演算 *13*

```
>>> 1 +
  File "<stdin>", line 1
    1 +
      ^
SyntaxError: invalid syntax
>>>
```

Python はインデント（字下げ，先頭の文字が左端から何文字下がっているか，いくつスペースが入っているか）にうるさい．1+2 の左に 1 文字スペースを入れた␣1+2 とすると，Python は字下げエラーと言って計算を実行しない．

```
>>>  1 + 2
  File "<stdin>", line 1
    1 + 2
IndentationError: unexpected indent
```

インデントにはうるさいが，行の途中のスペースには寛容である．

```
>>> 1           +           2
3
```

入力すべき行が長く，一行に収まらない時はバックスラッシュ \ をタイプして改行，続きの行をタイプする．

```
>>> 1 + 2 + 3 + 4 + 5 + 6 + 7 + 8 + 9 \
... + 10
55
```

"..." は Python が続きの部分を待ってることを表している．

### 2.2.1 整数，小数，複素数

Python はメモリが許す限り大きな数を扱うことができる．

複素数 $a + bi$ を a + bj で表す．虚数単位 $i$ は 1j．1j の 1 を省略した j や，数と j との間にスペースを入れた 1 j は虚数とは解釈されず，エラーになる．

足し算，引き算，掛け算はそれぞれ，+, -, * を使う．

14    第2章　Python ひと巡り

整数用と浮動小数点数用の2種類の割り算があり，`//` は整数商，`/` は商を計算する．`%` は剰余．下の `6/4`，`6//4`，`6%4` の結果を参照．

累乗 $x^y$ は x**y で計算できる．

```
>>> 111111111 * 111111111
12345678987654321
>>> 6 / 4
1.5
>>> 6 // 4
1
>>> 6 % 4
2
>>> 1 * 2 + 3 * 4 / 5
4.4
>>> 2**100
1267650600228229401496703205376
```

入力した式の履歴は上矢印キー（↑）で戻り，下矢印キー（↓）で進めることができる．

直前の結果は `_`（アンダーバー）で参照できる．

```
>>> 1 + 2
3
>>> _ + 4
7
>>> _ ** 2
49
>>> _ - _
0
```

整数と小数が混ざった式の計算結果は小数になる．

```
>>> 3 + 4
7
>>> 3 + 4.0
7.0
>>> 3 + 4 == 7
```

```
True
>>> 3 + 4.0 == 7
True
```

数，文字列の比較は `==`, `<`, `>` などが使える．

小数を `==` で比較したときの **True/False** には注意．小数の演算は近似計算になる．`3 - 4.4 == -1.4` は **True** にならない．忘れるとプログラムのバグの原因になる．

```
>>> 3 - 4.4 == -1.4
False
>>> 3 - 4.4
-1.4000000000000004
```

Python では小数は `==` で比較しないは鉄則だ．Python 以外のほとんどのコンピュータ言語も同じ[1]．

四則演算以外に，関数をターミナル上で定義し，実行もできる．

```
>>> def hello(s):
...     print('Hello', s)
...
>>> hello('Python')
Hello Python
```

Python とのセッションを終了してターミナルに戻るには，プロンプト直後に `Ctrl+Z`↵． Mac では⌃D．

## 2.3 名前

数，文字列，タプル，リスト，セット，辞書，関数ほか，あらゆるものに名前をつけることができる．

---

[1] Python での小数の比較には `math.isclose()` を使う．
```
>>> import math
>>> math.isclose(3 - 4.4, -1.4)
True
```

16     第 2 章　Python ひと巡り

これは実は重要な機能で，抽象化の第一歩．プログラミングはいろんなもの
を抽象化していくプロセスであり，名前はその大事なパーツだ．

```
>>> one = 1
>>> two = 2
>>> one + two
3
```

整数 1 に one の名前をつけ，整数 2 に two の名前をつけた後，両者の和を
one + two で求めた．

```
>>> def add1(n):
...     return n + 1
...
>>> add1(4)
5
```

関数 add1(n) を定義した．add1(4) は 4+1 を計算し，5 を返す．
関数 add1() に別名「足す」をつけてみる．

```
>>> 足す = add1
>>> 足す(99)
100
```

できはしても，日本語の名前を変数や関数に使うのはやめておこう．

## 2.4　文字列

'Hello, Python!' や "Hello, Python!" は文字列．シングルクオートで
囲むのとダブルクオートで囲むのと意味的な違いはない．
　ただし，次の例はダブルクオートで囲まないとまずい．

"Let's go!"

逆に次のケースは，文字列全体をシングルクオートで囲まないとエラーになる．

'You say, "Never give up."'

複数行にわたる文字列はトリプルクオートで囲む．

## 2.4 文字列

```
"""
It is better to have 100 functions operate on one data
structure than 10 functions on 10 data structures.

- Alan Perlis
"""
```

### 2.4.1 部分文字列を取り出す

文字列中の文字を左から 0 番目，1 番目，…と数える．一番最後の文字は −1 番目，最後から 2 番目の文字は −2 番目と数える．

**図 2.2** 文字列の最初の文字は 0 番目，最後の文字は −1 番目と数える．

文字列 s 中から部分文字列を抽出するには s[] を使う．

- 文字列 s に続いてスペースを入れずに s[n] で n 番目の文字，
- s[n:m] で n 文字目以降 m 文字目未満の連続する部分文字列，
- s[n:m:step] で n 文字目以降 m 文字目未満の step 飛びの部分文字列

を抽出する．

s[n:m:s] で n を省略すると 0，m を省略すると最後の文字の次を指す仮想的なインデックス，s を省略すると 1 があるものとみなす．

[] を使った要素の取り出しは，この後のタプル，リストも同じ．

**表 2.1** 文字列から文字，部分文字列を抽出する．

| | |
|---|---|
| "01234"[0] | "01234"の 0 文字目の文字．つまり，"0" |
| "Python"[3] | "01234"の 3 文字目，つまり，"h" |
| "program"[-1] | "program"の最後の文字，"m" |
| "GNU's not UNIX"[6:9] | 6 文字以降 9 文字目未満の"not" |
| "モンティ・パイソン"[::2] | 1 文字おきの"モテ・イン" |

## 2.4.2 文字列をつなぐ

数の世界では'+'は和を求める演算子だが，文字列の世界では「つなぐ」に変わる．'*'は文字列を複製する．

- 文字列 + 文字列は文字列をつないだ文字列を返す．
- 文字列 * 整数は文字列を整数分だけつないだ文字列を返す．

### 問 2.1

1. 次の結果は何か？

   ```
   >>> "1234567890"[5]
   ```

2. 長い文字列の最後の文字'!'を取り出すに n に入れる数は？

   ```
   >>> "long long long long long long, Mr. Long!"[n]
   ```

3. 'chabin'を取り出すために x,y に入れる数は？

   ```
   >>> "dobin chabin hagechorobin"[x:y]
   ```

## 2.5 タプル，リスト

タプルやリストは C 言語の配列に似ているが，より柔軟なデータ構造になっている．C 言語の配列の要素はすべての要素は同じ型でなければならない（ホモジーニアス）．Python のタプルやリストの要素はそれぞれ別々の型であっていい（ヘテロジーニアス）．タプルやリストの要素がタプルやリストであるような再帰的なデータ構造も自然に作れる．

タプルは複数の要素に順番をつけ，丸括弧 ( ) でくくってひとまとめにしたもの．文字列と同じく，最初の要素を 0 番目，次の要素を 1 番目と数え，最後の要素を −1 番目と数える．文字列と同じく，タプル tpl の第 n 要素は tpl[n] で参照できる．文字列の要素は文字に限られたのと対照的に，タプルの要素には型の制限はない．タプルは要素の追加や削除ができない．

リストはタプルの仲間だが，タプルとの違いは要素の追加や削除ができること．タプルは要素を丸括弧 ( ) でくくったが，リストは要素を角括弧 [ ] でくくる．要素の参照も文字列やタプルと同じ．リスト xs の第 n 要素は xs[n] で参照できる．

複数のタプルやリストを + すると連結した長いタプルやリストが得られる．

タプルまたはリスト * 整数も文字列と似た結果が得られる．結果はタプルまたはリスト．

**表 2.2** タプルの例．

| ( ) | 空（から）のタプル |
|---|---|
| (1, 2, 3) | 要素 1, 2, 3 を持つタプル |
| ('mon', 'tue', 'wed') | 要素が文字列のタプル |
| ('like', (1, 2, 3), 19) | 文字列，タプル，整数を要素に持つタプル |
| ('2024-03-17', 2800, 'AB') | 生年月日，体重，血液型を示すタプル |
| (1,) | 要素がひとつのタプル |

表 2.2 の最後 (1,) に注意しよう．コンマを省略した (1) は整数 1 を演算の優先度を示す ( ) で囲ったもの．つまり整数 1 であり，タプルではない．

タプル・リストからの要素の取り出しは，左から対応する要素に名前をつける方法もよく利用される．取り出し不要の要素はアンダースコア _ で飛ばす．

```
>>> birth, _, blood = ('2024-03-17', 2800, 'AB')
>>> [birth, blood]
['2024-03-17', 'AB']
```

リスト書き換えの方法は複数ある．（表 2.3）

**表 2.3** リストの書き換え．方法はこれ以外にも．

| xs.append(el) | リスト xs の末尾に要素 el を追加 |
|---|---|
| xs = [el] + xs | リスト xs の先頭に要素 el を追加 |
| del xs[n] | リスト xs の n 番目の要素を削除 |
| del xs[n:m] | リスト xs の n 番目から m 番目未満の要素を削除 |

## 2.6 セット

セットは数学の「集合」をモデル化したもの．リストと似るが，要素間に順序がない．要素の追加，削除は可能．複数の要素をタプルは ( )，リストは [ ] で囲ったが，セットは複数の要素を { } で囲む．

順序がないので，n 番目の要素という記述はセットには無意味．セットから [ ] で要素を取り出すことはできない．順不同で要素を一つずつ取り出すことはできる．次でセット s の要素が小さい順にプリントされているのは「たまたま」と考えるべき．

```
>>> s = {5, 1, 4, 3, 5, 3, 1, 2}
>>> s
{1, 2, 3, 4, 5}
>>> s[0]
Traceback (most recent call last):
  File "<stdin>", line 1, in <module>
TypeError: 'set' object is not subscriptable
>>> for e in s:
...    print(e)
...
1
2
3
4
5
```

タプルやリストは関数 set() でセットに変換できる．

```
>>> set(('A', 'B', 'O', 'AB'))
{'A', 'B', 'O', 'AB'}
```

逆に，セットをタプル，リストに変換するには tuple()，list() を用いる．

```
>>> tuple({'tigers', 'swallows', 'carp', 'dragons', 'stars',
           'giants'})
('stars', 'dragons', 'giants', 'swallows', 'tigers', 'carp')
>>> list({'tigers', 'swallows', 'carp', 'dragons', 'stars',
          'giants'})
['stars', 'dragons', 'giants', 'swallows', 'tigers', 'carp']
```

セットに順序がないため，tuple() や list() の戻り値は Python インタプリタの立ち上げごとに変わる．

## 2.7 辞書

Pythonの辞書は次の形. キーは整数, タプル, 文字列など. 値はPythonの任意のデータ.

$$\{キー : 値, キー: 値, ...\}$$

リストはその要素にアクセスするに「n番目」という整数インデックスを使うが, 辞書はその辞書のキーとして用いられた整数, タプル, 文字列などをインデックスのように扱って要素をアクセスする.

存在しないキーを参照するとエラーになる.

- 辞書 dict のキー key に対応する値を参照するには dict[key]
- 辞書 dict にキー key, 値 value を追加するには dict[key]=value
- 辞書 dict のキー key に対応する値を value に書き換えるには追加と同じく dict[key]=value

```
>>> menu = {
    "カレー": 400,
    "うどん": 350,
    "そば": 380,
    "オムライス": 420,
    "ステーキ": 1000,
    "刺身": 1500,
    "水": 0,
}
>>> menu['オムライス']
420
>>> menu['ビール'] = 600
>>> list(map(lambda x:menu[x], ['そば', '刺身', 'ビール']))
[380, 1500, 600]
```

map(), lambda は9章で説明する.

## 2.8 ライブラリの利用

ライブラリとは自分や他人が作ったプログラムの集まりのこと．自分で新たにプログラムを起こさずにライブラリを利用して問題解決できる場合もある．
乱数が1000個ほしいとする．標準ライブラリのrandomが使える．

```
>>> from random import random
>>> randoms = [random() for _ in range(1000)]
```

得られた乱数の分布をグラフにしたいとする．外部ライブラリmatplotlibを使えばいい．

```
>>> from matplotlib import pyplot
>>> pyplot.hist(randoms)
>>> pyplot.show()
```

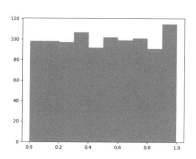

**図 2.3** ライブラリrandom()で発生する乱数は一様分布する乱数だった．

ほしかったのは平均0，標準偏差1で散らばる乱数だったとする．外部ライブラリnumpyに正規分散する乱数を発生する関数normal()があるので，それが利用できる．プロットを閉じるためにキーボードの'q'を打鍵した後，続きのプログラムをタイプする．

```
>>> from numpy.random import normal
>>> data = normal(0,1,1000)
```

先ほどと同じく，外部ライブラリ matplotlib を使って乱数の分布を確認できる．

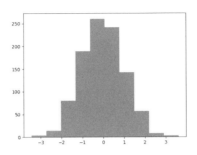

**図 2.4** ライブラリ random, matplotlib を使って描いた平均 0, 標準偏差 1 で分布する乱数のヒストグラム．

もうひとつ．実験データを小数第一位で四捨五入したい場面があったとする．ちょっと Python をかじった人であれば，組み込み関数 round() を使えば楽勝と考えるかもしれない．

```
>>> data = (0.1, 0.2, 0.3, 0.4, 0.5, 0.6, 0.7, 0.8, 0.9, 1.0)
>>> [(x, round(x)) for x in data]
[(0.1, 0), (0.2, 0), (0.3, 0), (0.4, 0), (0.5, 0),
    (0.6, 1), (0.7, 1), (0.8, 1), (0.9, 1), (1.0, 1)]
```

しかし，関数 round() は偶数 + 0.5 が引数であるとき，小数を切り捨てる．round(0.5) は 0 だ．四捨五入と違う．

コンピュータに四捨五入を教えよう．プログラミングの時だ．

## 2.9 プログラミング

四捨五入関数 to_int(x) を定義する．

```
>>> def to_int(x):
...     if (x%2==0) and (x - int(x) >= 0.5):
...         return int(x) + 1
```

```
... else:
...     return int(x)
...
>>> to_int(0.5)
1
>>> [to_int(x) for x in data]
[0, 0, 0, 0, 1, 1, 1, 1, 1, 1]
```

いいようだ．でも，ちょっと待って．もっと気の利いた解がある．

```
>>> def to_int_improved(x):
...     return int(x + 0.5)
...
>>> [to_int_improved(x) for x in data]
[0, 0, 0, 0, 1, 1, 1, 1, 1, 1]
```

上で定義した関数 `to_int()` よりも，下で定義した関数 `to_int_improved()` の方がシンプルで気が利いている．

関数`to_int()`を時間をかけてひねり出した人の中には`to_int_improved()` を見て膝を打つ人もいるだろう．過去問漁りや ChatGPT うかがいにない学び がここにはある．

Python ひと巡りはこれでおしまい．

本章はターミナルで起動した Python に直接コードを入力したが，次章か らは VSCode で書いたコードを Python に渡すスタイルでプログラミングを 進める．Python に渡す前にコードを何度でも見直せるようになる．機能拡張 `Black Formatter`, `Flake8` も活躍の場だ．

# 3 関数

ターミナルにコードを書き,実行するのは手軽だが,コードの再利用が難しい.複雑な計算をターミナル上でのやり取りだけで進めるのは困難だ.

ファイルにコードを順序よく並べ,関数として定義するプログラミングを開始しよう.

## 3.1 プログラムは関数の集まり

Python のプログラムは関数の集まり.プログラミングは,関数を組み合わせて関数を作り,さらにそうした関数をまとめて関数を作り,またさらに関数をまとめた関数を作り...を合目的的なプログラムを得るまで繰り返す.

一つひとつの関数のクオリティを高めること,上手に組み合わせることの両方が重要だ.

## 3.2 関数と発電所

関数は発電所に例えることができる.関数は引数から戻り値を計算する.発電所は原材料から電力を作り出す.

発電所によっては,ウラン (U) やプルトニウム (Pu) のほか,石炭や石油,地熱や風力などを入力にするものもあり,また,発電所の出力がほぼ電力であることに対し関数の戻り値はさまざまというような違いはあるが,関数との対応はバッチリ.出力となる電力以外,いかにクリーンな発電所を作るかも発電所の建設には重要だが,関数も同じだ.読みやすく,修正や改良が容易で,他

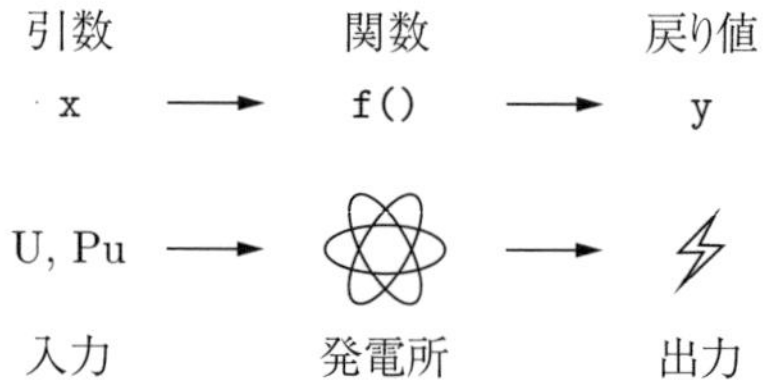

26  第 3 章 関数

引数 　　　　　関数 　　　　　戻り値

x 　　⟶　　 f() 　　⟶　　 y

U, Pu 　⟶　　 〇 　　⟶　　 ⚡

入力 　　　　　発電所 　　　　　出力

**図 3.1** 関数 f() は引数 x から戻り値 y を得る．発電所は原材料から電力を作り出す．

のプログラムからも利用しやすく，他の関数と組み合わせてさらに有意義な関数を作れるような関数であることが望まれる．

| 関数名 | ⟺ | 発電所の名前 |
|---|---|---|
| 引数 | ⟺ | 入力（発電の原料） |
| 戻り値 | ⟺ | 出力（電力） |
| 副作用 | ⟺ | 電力以外 |
| 関数を定義する | ⟺ | 発電所を建設する |
| 関数を実行する | ⟺ | 発電所を稼働する |
| 優れた関数 | ⟺ | 効率の良い発電所 |
| バグった関数 | ⟺ | 壊れた発電所 |
| ･･･ | ⟺ | ･･･ |

　関数名，引数，戻り値，副作用の正確な定義は今のところ必要ない．それらの意味は授業の進行とともにわかる．

## 3.3　関数を定義する

　関数を定義することは，発電所のたとえでは，発電所を設計し，建設することにあたる．

　デスクトップにフォルダ functions を作り，その上でターミナルを開き，

```
> code .
```

で VSCode を起動する．

同フォルダに次の内容で prog.py ファイルを作る. VSCode の設定で Au-
toSave を On Focus Change にできていたら, フォーカスアウトするとファイ
ルは自動的にセーブされる.

```
def f(x):
    y = 2 * x + 1
    return y
```

この def から始まる数行が関数 f(x) の**定義**だ. インデントが戻るまでが定
義の範囲. 行頭から数文字下がって書き始めることを「**インデント**する, 字下
げする」という.

発電所の名前は f, 原料は x. 定義する時点ではどんな原料 (引数) が与えら
れるかわからないので, とりあえずの x になっている. x を**仮引数**という. x
は下に続く記述と一貫性が取れていれば別の名前を使ってよい. 稼働すると x
から $y = 2x + 1$ を計算し, return y で終わる. y を関数の**戻り値**という.
関数の役割は入力となる引数を受け取り, その引数に応じた戻り値を出力する
こと. 入力からどう出力を作り出すかがプログラマの腕の見せ所だ.

ひとつのファイルには複数の関数を定義できる. 定義した関数は名前で区別
される. ファイル中に同じ名前の関数を定義するのはいいマナーではないが,
同じ名前で複数の関数を定義した場合, 上方でした同名の関数定義は下方の同
名の関数定義で上書きになる.

### ◆コラム6　Python プログラムは *.py で

VSCode で Python プログラムを作る際, プログラムをセーブするファイルの
様式として, *.py と *.ipynb の二つがある.

- *.py はシンプルなテキストファイル,
- *.ipynb も JSON という構造を持ったテキストファイル.

類書には *.ipynb の使用をすすめるものも多い. しかし, プログラミングを基
本から学ぶために本書では *.py をすすめる.

VSCode で *.ipynb を開くには ipykernel パッケージの追加インストールが必
要だ. インストールそのものは難しくない.

インストールに成功すると, セルと呼ばれる小さなまとまりごとに関数を実行で
きたり, プログラムコードとプログラムの説明を混在させたり, matplotlib など
のプロットをファイル中に埋め込むようになる.

しかし，Black Formatter がそのままでは機能しない．関数名にカーソルを乗せても docstring がポップアップせず，作成したコードもターミナル等から簡単には実行できない．作ったコードを別のプログラムからインポートするにも一手間かかる．関数の戻り値と print() の副作用が区別しにくく，学習者の混乱の元となると考えたのも *.ipynb をすすめない大きな理由だ．事実，半年の Python 授業を受けた*.ipynb ユーザたちはほとんど戻り値を理解しない．関数，引数，戻り値を理解できなければ，ワンライナー，単発以上のプログラムは作成できない．

一方，*.py にセーブしたプログラムは VSCode 以外，emacs や vi などのエディタ，Windows のメモ帳アプリや Mac の TextEdit などでも編集できる．作ったプログラムのインポートにもなんの問題もない．

## 3.4　定義した関数を呼び出す

関数を呼び出すことは，原料を投入し発電所を稼働することにあたる．Python の関数の呼び出しは定義した関数に具体的な値を渡して，こうする；

```
f(3)
```

このようなプログラムを**実行文**という．実行文の f(3) の中の 3 は発電の原料となる U や Pu に相当する．このような値を関数の**実引数**という．

実行文を関数 f() の定義文の下に付け足し，VSCode の ▷ を押すと，Python は，ファイル prog.py から関数の定義文と実行文とを読み，関数 f(3) を実行する．

この結果，内部ターミナルが開くが，ん？何も表示されないぞ．

```
def f(x):
    y = 2 * x + 1
    return y
```

```
f(3)
```

発電はしたのだが，それをターミナルに表示する動作をプログラムし忘れた．f(3) の戻り値を組み込み関数 print() が引数に取るよう，実行文を書き換え，

```
def f(x):
    y = 2 * x + 1
    return y

print(f(3))
```

再度 ▷ を押すと，今度は 7 がプリントされる．f(3) の戻り値を引数で受け取った print() がその引数の値をターミナルにプリントするという二つの関数の共同作業であった (図 3.2)．

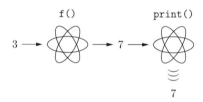

**図 3.2** 3 を引数にとった関数 f() の戻り値を関数 print() が引数にとってターミナルに 7 をプリントした．7 の出場所は発電所の出力とは違う場所．

ターミナルに python3 prog.py ↵ をタイプしても同じ結果が得られる．

```
> python3 prog.py
7
```

▷ がやってることは，これと同じ．コマンド python3 によって Python インタプリタを起動し，ファイル prog.py を読む．インタプリタは prog.py にセーブしてある関数の定義を読み，実行文を実行する．

## 3.5 docstring

プログラム中，`def` の直下においた文字列は docstring と呼ばれる特別なコメント文となる[※1]．トリプルクオート `"""` で囲んだ文字列は改行を含めることができるので，複数行にわたる docstring を書く時に便利だ．

`def` の直下以外の場所の `"""`〜`"""` で囲んだ文字列は単に文字列として扱われる．

ファイル `prog.py` にセーブした関数 `f()` の定義に docstring を書き足そう.

```
def f(x):
    """
    数学における関数y = 2x+1に対応するPython関数f を定義する.
    """
    y = 2 * x + 1
    return y

print(f(3))
```

この後，関数の名前にマウスカーソルを合わせると関数定義中の docstring がポップアップ表示されるようになる（図 3.3）．自分で docstring を足して定義した関数とライブラリ関数はこの方法で docstring を表示できる．

```
 1    # 関数 f() を定義する.
 2    def f(x):
 3        """
 4        数学における関数y = 2x+1に対応するPython関数fを定義する.
 5        """
 6        y = 2 * x + 1
 7        re  def f(x)
 8            数学における関数y = 2x+1に対応するPython関数fを定義する.
 9        💡  Full name: functions_f.f
10    # 関数
11    print(f(3))
12
```

**図 3.3** VSCode のスクリーンショット．`print(f(3))` の `f` にカーソルを乗せると関数 `f()` の docstring がポップアップする．

プログラミングの最中，自分で作った関数がどんな動作をするのだったか，確認したくなるケースはたくさんある．関数定義の際にきちんと docstring を

---

[※1] 授業では「関数コメント」と言う．docstring って，散歩の犬につける紐みたいだ.

書いておくことは将来の利用のためにも有意義である．そのほか，docstring の書き方が上達するとプログラミングも上達する[※2]．定義する関数には明快な docstring を心がけよう．

## 3.6　return と print() を区別する

呼び出された関数は，定義に沿って計算を進め，最初の return に出会った箇所でその右にある式の値を戻り値 として関数を終了する．関数から戻り値を返すには return を使うのが唯一の方法だ．発電所のアナロジーでは戻り値は発電所が産出する電力にあたる．

戻り値はプログラム中の関数が呼び出された場所に戻って，別の変数への代入や，別の関数の引数として利用される．

```
y = f(4)   # 関数呼び出しf(4)の戻り値をyに代入する．
print(f(3)) # 同f(3)の戻り値を引数として関数print()を呼び出す．
```

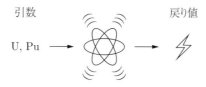

図 3.4　発電所再掲．引数は発電の原材料，戻り値は電力．電力以外，騒音，振動，熱，放射能は副作用である．図中 ')))' で示した．

return で例題を三つ．

1. 関数の実行中，return に出会ったら，関数はそこでおしまい．その下に何がプログラムされていても Python は実行しない．次の例では"ガンバレ!日本!!"がプリントされることは永久にない．

```
def fight():
    return "fight 一発!"
    print("ガンバレ!日本!!")
```

---

[※2] このことは授業の進行とともに実感する．毎回の py99 回答で docstring 書きを積極的に実践する受講生のプログラムは学期終盤にかけて見違えるように上達する．docstring に手を抜く人がどうなのかはコメントを控える．自作関数にきちんとした docstring をつけようとしてプログラム的考え方が育つこと，身につくことは確かにあると思う．

32    第3章　関数

**2.** 関数内で return を呼べるのは一度限り．次の関数 never_returns()
の戻り値は文字列 "I return"．

```
def never_returns():
    return "I return"
    return "never returns"
```

**3.** 関数定義中に2回以上，return が出て来てもよい．関数の実行時に最初
に出会った return で関数は終わる．関数の定義と関数の実行をごちゃ
混ぜにしないこと．

```
def sign_of(n):
    if n < 0:
        return "negative"
    if 0 == n:
        return "zero"
    if 0 < n
        return "positive"
    return "what happened?"
```

引数以外に関数外部から関数に持ち込まれるもの (input() や外部変数の参
照など)，戻り値以外に関数外部へ漏れ出すもの (print() や外部変数への代入
など) は**副作用**と呼ばれる．

### 3.6.1　None には近づくな

return に出会うことなく関数が終了すると，Python の関数は特別な値 None
を返す．プログラミング初心者はこのことを忘れよう．**関数は必ず return で
終わるようにプログラムする**と心に刻んでおく．ネット等に None の扱いが書
いてあっても，初心者を脱するまでは黒魔術として近寄らないこと．関数の戻
り値が None であることを利用するプログラムは破綻に破綻を重ねるようなも
のだ．

関数が戻り値なく終了する場合は，「例外」を投げ，プログラムの実行を止
める方がよい．「例外」は 4.3 節で説明する．

### 3.6.2 print() は副作用

関数内部から print() でターミナルにプリントされるものは副作用だ．このプリントはプログラマの目に留まることはあっても，他の関数の入力，引数にはならない．

```
def g(x):
    print("x->", x)
    y = 2 * x + 1
    print("y->", y)
    return y

print("answer->", g(3))
```

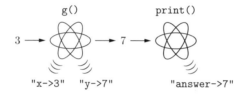

**図 3.5** 関数内部で print() を呼び出してターミナルにプリントする副作用と関数の戻り値とを混同してはいけない．

次のプログラムの実行時エラーの理由はなんだろう？

```
def print_one():
    print(1)

y = print_one() + 2
1
Traceback (most recent call last):
  File "<stdin>", line 1, in <module>
TypeError: unsupported operand type(s) for +: 'NoneType' and
    'int'
```

y = ... の直下の 1 は確かに関数 print_one() が出したものだが，これは副作用．+ で値を足せたり，他の関数の引数になったりはしない．

*34*　第3章　関数

---

◆ **コラム7　print() の使い道**

　print() はどんな引数からどんな戻り値を戻すかという関数本来の働きに，一切，関与しない.

　どんなところで print() は利用できるか？原子炉の戻り値は電力だが，安全な運用には，単に発電するだけじゃなく，原始炉の内部の状況を調べ，その状況をチェックする役目が必要だ.

　関数 print() は何度呼び出しても，どんなプリントをしても，変数や関数の戻り値が別の値に変わってしまうことはない.　副作用であるメリットだ.

　プロのプログラマは，確認をすっ飛ばす「思い込みプログラミング」はほとんどしない.　プログラムの要所に print() を潜ませておき，プログラムの進み具合と状態を常に監視しつつ，開発を進める.　見習って悪いことはまったくない.

　プログラム開発時はどんどん print() を利用すべし.　return との混同がダメなだけ.　6章参照.

---

> **問 3.1**　やや黒魔術の匂いがする例題.
>
> 1. what = print(print("hello")) は何をプリントするか.　what に代入されるものは何か？
>
> 2. 関数定義中に，return print("None 以外戻らない") があったら，その関数は何を戻すか？
>
> 3. what = input(input("何ですか")) はどんな動作をするか？what に代入されるものは何か？

## 3.7　引数

### 3.7.1　ポジショナル引数

　def f(x): は「これから定義する関数の名前を f，1番目の引数を x とする」の意味で，仮引数 x は単に場所取り.　何番目の引数かが重要であり，**ポジショナル引数**と呼ばれる.　x の名前は def f(x): に続く関数のボディと一貫性があればよい.

　二つ引数を取る関数 g() の定義をしようとしたら書き出しは def g(x, y): のようになる.

　プログラムの実行中に差し掛かった y = f(3) 中の3は，「関数 f() の定義

中，1番目に現れた場所を 3 とせよ」の意味で，実引数 と呼ばれる．

仮引数，実引数ともに単に「引数」と呼ばれることが多いが（仮か実か文脈で判断しろってこと），両者の役目は相補的で，データを関数に受け渡しする重要な役目をする．

### 引数の数（アリティ）

関数を呼び出す時，関数定義の仮引数の数にぴったりの数の実引数を与えないとエラーになる．

引数の数のことをアリティ (arity) という．

```
def one(x):    # 関数one() のアリティは 1.
  return x

one(1,2) # 関数one()を引数ふたつで呼び出したのでエラーになった.
Traceback (most recent call last):
  File "<stdin>", line 1, in <module>
TypeError: one() takes 1 positional argument but 2 were given

def two(x, y): # 関数two()のアリティは 2.
  return x + y

two(3) # 関数two()を引数ひとつで呼び出したのでエラーになった.
Traceback (most recent call last):
  File "<stdin>", line 1, in <module>
TypeError: two() missing 1 required positional argument: 'y'
```

### 3.7.2 可変引数，アリティ不定

Python には引数の数はいくらでもいいという関数もある．可変引数関数，あるいはアリティ不定関数 という．

例えば，与えられた引数をプリントする関数 print() のアリティは定まっていない．

36    第3章　関数

```
print()              引数なし. 単に空行をプリントする.
print(1)             引数一個. "1"をプリントする.
print(1, 2)          引数二個. プリントするのは "1 2".
print(1, 2, 3)       引数三個. プリントは"1 2 3".
```

## 可変引数をとる関数の定義

アリティ不定関数を定義するとき，仮引数の前に * をおく．受け取った引数はタプルとしてまとめられる．

```
def many(*args):
    return (args[0], args[-1], args)

print(many(1, 2, 3, 4, 5))
```

関数 many(1,2,3,4,5) の戻り値を確認しよう．

関数 many() は引数5つで呼ばれている．引数の 1，2，3，4，5 はタプル (1，2，3，4，5) にまとめられた後，args として関数に渡される．そのタプルの最初の要素 1，最後の要素 5，タプルそのものの (1，2，3，4，5) の3つを要素とするタプルが関数の戻り値になり，それを受け取った関数 print() がプリントする[3]．

---

```
(1, 5, (1, 2, 3, 4, 5))
```

---

### 3.7.3　キーワード引数

Python には，何番目の引数かが重要になるポジショナル引数の他，key=value の形式で引数を受け渡しする**キーワード引数**もある．

キーワード引数を取る関数の定義は，引数リストに key=value の形式の引数を複数個取れる．

```
def keywords(key1=value1, key2=value2, ...)
```

関数を実行する際の引数の順番は，定義の順番と変わって良い．引数が何番目にあるかというポジションではなく，キーワードで引数をやり取りするとい

---

[3] return の右の () を関数の () と間違えないように．return の右の () は三つの要素をまとめてタプルとする () だ．「return‘関数’が三つの引数を取った」のではない．

うキーワード引数のココロだ．さらに，定義されたキーワードが呼び出しの引数リストに現れない時は，関数定義中に現れるキーワード変数 key の値として定義時の value が使われる．

```
def number(x=1, y=2, z=3):
    """
    キーワード引数 x, y, z を取る関数を定義.
    x, y, z のデフォルト値はそれぞれ, 1, 2, 3 である.
    戻り値は 100x + 10y + z.
    """
    return 100*x + 10*y + z

print(number(x=3, y=4, z=5)) # 345 をプリント.
print(number(z=5, y=4, x=3)) # プリントは同じく 345.
print(number(y=9, z=8)) # 引数に現れないときはデフォルト値. 198.
print(number()) # 123 をプリントする.
```

ポジショナル引数とキーワード引数の両方をとる関数も定義できる．ただしそのときはポジショナル引数の並びの後にキーワード引数を並べる．

```
def tax_included(price, tax=0.1):
    return price*(1 + tax)

print(tax_included(100, tax=0.3)) # 130 がプリントされる.
print(tax_included(100)) # 110 がプリントされる
tax_included(tax=0.2, 100) # キーワード引数を先にしてエラー.
File "<stdin>", line 1
  tax_included(tax=0.2, 100)
                        ^
SyntaxError: positional argument follows keyword argument
```

呼び出し時も，ポジショナル引数の後に，キーワード引数を並べる．呼び出しのポジショナル引数の数は定義時と合わせないといけないが，キーワード引数は省略してもよい．省略したら定義時のデフォルト値が使われる．

キーワード引数を使ったプログラム例は 12 章「Web アプリ」でも紹介している．

38    第3章 関数

## 3.8 スコープ

スコープは名前の有効範囲のこと.

### 3.8.1 変数はローカルスコープが基本

def 中に現れる変数はその def の内側がスコープ.

def のプログラム中は,他の関数でどんな変数を使ったのかを気にせず,作成中の関数に集中できる.関数を実行する際も,複数の関数の定義に出てくる変数はそれぞれのスコープが関数ローカルなため,干渉しない.

def の外側で定義された変数はプログラム中のどこからも参照・書き換えが可能.変数のスコープはグローバル,スコープがグローバルな変数をグローバル変数という.def 中,global と書かれた変数はグローバル変数を指す.

グローバルに変数 x が定義してあっても,関数定義の def 内で同名の変数 x を定義すると関数内部からグローバル変数 x は見えなくなる.

グローバル変数は 4.4 節で述べるスレッドの戻り値になるなど,不可欠な使い道もあるが,使い方を間違えるとプログラムに混沌をもたらす.安易なグローバル変数の多用は避けるが無難だ.

```
x = 100   # グローバル変数 x.

def pp1(y):
    x = 200   # 関数pp1()にローカルなx. グローバルのx, pp2()の
    x とは別物.
    return x + y

def pp2(y):
    x = 300   # 関数pp2()にローカルなx. グローバルのx, pp1()の
    x とは別物.
    return x + y

def pp3(y):
    return x + y   # グローバル x を参照する.

def pp4(y):
```

```
        global x       # この x はグローバルの x.
        x = x + y      # グローバルの x を書き換える.
        return x + y   # さらに y をたす.
print(pp1(0))   # 200 をプリントする.
print(pp2(0))   # 300 をプリントする.
print(pp3(0))   # 100 をプリントする.
print(pp4(0))   # グローバルの x を書き換えた. 900 をプリント.
print(pp3(0))   # 書き換わったグローバルの x をプリント. 500.
```

上例で関数 pp3() は 2 回呼び出されている. 最初の呼び出しと 2 回目の呼び出しでは, 同じ引数 0 で呼び出されているにもかかわらず, 戻り値が 100 と 500 で異なっている. 関数がこのような振る舞いを始めたらプログラムが極端に追跡しにくくなる. 関数の挙動を理解するために, 関数が定義された def 以外, プログラムファイル全体を見回さなければいけなくなる.

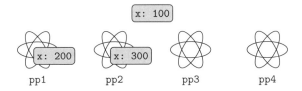

**図 3.6** 発電所 pp1 と pp2 の両方の内部に同じ名前の x があっても, それらは別物. 発電所の外部に同じ名前の x があっても, ともに内部の x に隠れて見えない. しかし, 内部に持ち物 x がない発電所 pp3, pp4 にとっては x は発電所外部の x を指すことになる. 発電所外の x は pp3, pp4 以外の別物によって書き換えられるかもしれない. 注意が必要だ.

与えられた引数に対していつも同じ戻り値を返す関数を純関数という. 上の例では pp1(), pp2() は純関数である. これに対して, グローバル変数の参照などで, 戻り値が変わる関数は副作用を持つといわれる. 上の例では pp3(), pp4() が副作用を持つ関数だ.

### 3.8.2 関数名のスコープ

ファイルに関数を定義すると, ファイルの外に定義された同名の関数は見えなくなる.

例で考えよう. 組み込み関数 abs() は引数の絶対値を返す. 組み込み関数は

_40_    第3章　関数

ファイルを超えた場所に定義してある．同名の関数 abs() をファイル prog.py
内に定義する．

```
def abs(n):
    return 100
```

定義を読み込むと，これ以降，どんな数の絶対値も 100 になってしまう．

```
>>> abs(3)
100
>>> abs(-4)
100
```

### 3.8.3　モジュール

ファイルを分けると同じ名前の関数を定義できる．Python ではファイルが
モジュールというスコープを持つからだが，この関係は，変数が関数というス
コープを持つのと似ている．関数が違うと同じ名前の別々の変数をローカルに
持てる．

続きのトピックは7章で．

# 4

# プログラムの流れ

Pythonはプログラムファイルに書かれた定義文，実行文を上から下に順番に実行する．これだけだとあまり大したことはできない．実行の状況に応じて，コードを選択的に実行したり，繰り返し実行したりできることがプログラムを柔軟にしている．

## 4.1 分岐

ifは実行すべきコードを選択する．実行する範囲をインデントで視覚的に示すのがPythonの特徴だ．

### 4.1.1 寄り道 if

Pythonのif文の形式は次．

```
if 条件式:
        条件式がTrueとなったときに実行するコード
        ...
```

- ifの後ろに条件式,
- 条件式の後ろには忘れずにコロン(:),
- 条件式が成り立った場合に実行するコードをインデントして並べる．

条件式がFlaseになるときは，インデントされたコードは実行されず，次のifと同じレベルまでインデントが戻った場所にあるコードが実行される．

42　第4章　プログラムの流れ

```
def abs(n):
    ret = n
    if ret < 0:
        ret *= -1
    return ret
```

関数 abs() の実行中 if ret < 0: に差し掛かり，ret の値が 0 よりも小さい時に限り，ret *= -1，すなわち，ret の値に-1 を掛けて正の数にする．ret<0 が False のときはスルー．

if の次のインデントが戻った行まで来たら，ret の値は n の絶対値になっている．

if の中の if，if と横並びの if を区別すること．

```
# if が成立した後, さらに if で判定する.
if x > 0:
    if x % 2 == 0:
        return "正の偶数です"
    return "正数です"
```

```
# 二つの if が並んでいる.
if x > 0:
    return "正数です"
if x % 2 == 0:
    return "偶数です"
```

関数定義中で if を並べる時，並べる順番にも気を配ろう．

## 4.1.2　二分岐 if else

Python の else を伴う if 文の形式は次．

```
if 条件式:
        条件式が True となったときに実行するコード

        ...
else:
        条件式が False となったときに実行するコード

        ...
```

条件式の True/False に応じ，コードを二者択一で選んで実行する．

```
def dice(n):
    if n % 2 == 0:
        ret = "丁"
    else:
        ret = "半"
    return ret
```

関数 dice() は引数 n を取る．n が偶数だったら ret は"丁"，奇数の時は"半"．

### 4.1.3 多分岐 if elif elif ...

多方向に分岐する必要があるときは if elif 構文を使う．

```
if 条件式 1:
        条件式 1 が True となったときに実行するコード
        ...
elif 条件式 2:
        条件式 2 が True となったときに実行するコード
        ...
...
else:
        すべての条件に当てはまらなかったら実行するコード
```

elif は 'else if' と読むといい．elif は何個でもつなげることができる．

一番最後の else: はすべての条件に当てはまらなかったときの振る舞いをプログラムする．

if と elif と else のインデントを揃える．

```
def fizz_buzz(n):
    if n % 15 == 0:
        ret = "fizzbuzz"
    elif n % 3 == 0:
        ret = "fizz"
    elif n % 5 == 0:
        ret = "buzz"
    else:
        ret = n
    return ret
```

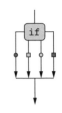

関数 fizz_buzz() はフィズバズゲーム[※1]のプログラム例．整数引数 n を取り，n が 3 の倍数の時は文字列 "fizz"，5 の倍数の時は "buzz"，3 の倍数でもあり 5 の倍数でもある時は "fizzbuzz"，いずれでもないときは整数 n をそのまま返す．if～elif～の条件文は上から順番に試されるので，条件のキツイものを上側に置いている．

次節で説明するループを使うと，0～19 までのフィズバズは次で表せる．

```
>>> [fizz_buzz(n) for n in range(20)]
['fizzbuzz', 1, 2, 'fizz', 4, 'buzz', 'fizz', 7, 8, 'fizz',
 'buzz', 11, 'fizz', 13, 14, 'fizzbuzz', 16, 17, 'fizz', 19]
```

◆コラム 8　ねぎまリターン

君は焼き鳥屋のバイト生だ．「ネギマください」．「はいよっ．」大将がネギマ焼いた．ネギマが戻り値だ．

```
def is_even(n):
    """ネギマ，一丁あがり！"""
    return n%2 == 0
```

しかし，アルバイトの君は，大将から受け取った串から鶏肉とネギを外してしまう．そうしてもう一度，串に刺し直す．鶏肉，ネギ，鶏肉，ネギ，，そして眺める．「ネギマだ」．結果，お客さんの手元にはネギマが届くのだが．

---

[※1] https://ja.wikipedia.org/wiki/Fizz_Buzz

```
def is_even_nsg(n):
    """ネギマ，冷めちゃうよ．"""
    if n%2 == 0:
        return True
    else:
        return False
```

上側，`is_even()` 中の `return n%2 == 0` の評価は次のように進む．

1. n の値はなんですか？
2. n%2 の値はなんですか？
3. n%2 == 0 の値はなんですか？
4. return でその値を返す．

これ，あらためてフツーやろ？ `True` あるいは `False` が手元にあるのに，わざわざ調べ直し，それが `True` だったら `True`，それが `False` だったら `False` を返すってやる必要ない．手元のものをそのまま返せばいい．ネギマをバラさないで！「`return` に条件判断の機能があったんですね」と感銘した様子を書いてくる学生もいるが，まったくの誤解．`return` にそんな機能ない．

しつこく言うが，「`if` がなくていい」，「短くていい」んじゃない．「ムダがない」，「そのものズバリ」って感覚が欲しい．授業ではこの「そのものズバリ」 `return` の仕方を "ネギマリターン" と呼んで心に留めようと思う．

## 4.2 ループ

人間が定型作業を繰り返し実行するのは敗北．一つひとつの作業が不正確な上，時間もかかる．逆に機械（コンピュータ）は繰り返しが得意．作業は正確で，その実行速度ははるかに人間を凌駕する．繰り返しを上手にプログラミングし，コンピュータを有効利用しよう．

Python で繰り返しをプログラムするには，

- 伝統的な `while`
- Python らしい `for`

**46**　第4章　プログラムの流れ

- 数学的な定義にもとづく再帰関数
- 高階関数 map, filter を利用する

などの方法がある．適材適所で使い分けたい．

　ヒトは機械的な繰り返し作業が本来苦手であり，「繰り返しをプログラムするのは非日常的な行為」の観点に立つと，機械語とほぼ変わりない while/for ループよりも，数学的なリスト内包表記や論理的な再帰関数の繰り返しの方が理解しやすいことは十分にあり得る[2]．再帰と高階関数は別章（8章，9章）を設けて説明する．

### 4.2.1　while ループ

Python の while ループの形式は．

```
while 脱出条件:
        繰り返すべきコード
        ...
```

　while 行の前には何らかの初期設定のコードがあって，while のボディ中にはループを更新する再設定のコードがあるはずだが，しばしば忘れる．特に再設定のコードは忘れやすい．

　リスト xs の和を while ループで求める．

```python
def sum_using_while(xs):
    elements = len(xs)
    index = 0
    total = 0
    while index < elements:
        total += xs[index]
        index += 1
    return total

print(sum_using_while([1, 2, 3, 4, 5]))
```

---

[2] 前向きな受講生が授業で興味を持つのは再帰や高階関数である．従来型の while/for ループに慣れきってしまった人がプログラムを while/for ループで考えるようになってしまった結果，再帰や高階関数で繰り返しをプログラムすることを必要以上に難しく思いこんでいるのかもしれない．とすると，再帰コンプレックスは教える側の問題ということ？

プログラム中の += は左辺の変数の値を右辺の値分だけ増やす演算子[※3].
xs[index] でリスト xs の index 番目の要素を取り出し，変数 total に足し込む．index += 1 により，ループ中，変数 index の値は初期値 0 から $1, 2, 3, \ldots$ のように増えていく．index の値がループ前に数えた要素の個数になったらループ終了，total を戻り値として出来上がり．

total += xs[index] の行と index += 1 の行の順番を間違うと関数は期待する答えを返さない．while ループではコードの並び順を慎重に決める必要がある．

### 4.2.2 ループ中から break, return

ループからの脱出は while の条件が成り立たなくなった時のほか，while のボディ内から break や return で脱出することもある[※4]．

- break は制御を while ループの次の行に移す．
- return は関数呼び出しを終了し，同時にループも終了する．

while ループの内側から戻り値を返すプログラム例として，正数 n の平方根を求める関数 find_sqrt(n) を作った．$x = \sqrt{n}$ であるとは，すなわち，$x^2 = n$ であるので，二乗して $n$ になる数 $x$ を $x = 1.0$ から増分 $dx$ でループし，$x^2 \geq n$ になったらループを打ち切り，適切な値をリターンする．

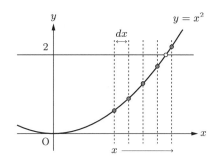

**図 4.1** $x$ から $dx$ ずつ解ににじり寄る．$x^2$ が 2 を越えたらストップ．

---

[※3] 演算子 += の同類の演算子に，-=, *=, /=, %=, //=, **=, などがあり，+= が左辺値を「増やす」に対して，それぞれ，「減らす」「乗じる」「割る」などになる．

[※4] ループの先頭に戻る continue という構文もあるが，continue が本当に必要になるケースは稀である．continue の入ったループはプログラムの流れを読みにくくするので，使用は控えめに．

48　第 4 章　プログラムの流れ

```python
def find_sqrt(n):
    """ループ中からの return の例."""
    # ループ前の初期設定.
    x = 1.0
    dx = 0.001
    # x <= n が成り立つ間繰り返す.
    while x <= n:
        # if が成立したら戻り値を作って, ループから脱出する.
        if n <= x**2:
            if n==x**2:
                return x
            return ((x - dx) + x) / 2
        x += dx
    # ループ中で解がみつからなかった時は例外を出す.
    raise Exception("find_sqrt()", "did not find")

print(find_sqrt(2))
```

　この関数は効率のいいものではない. 後の章でもっと効率のいいプログラム
を紹介する.

### 4.2.3　for ループ

　while ループは繰り返しの回数があらかじめわからない時に向く. 繰り返
しの回数がリストの長さなどでわかるときは for で書いた方がいい. for の
構文は次.

```
for item in iterable:
        繰り返すべきコード
        ...
```

iterable の場所にはタプル, リスト, セット, 辞書などのデータ構造や, こ
の後 4.2.6 項で説明するレンジオブジェクトなどが来る. iterable の要素を
先頭から一つずつ取り出して item に代入後, インデントされた部分のコード
を繰り返し評価する. iterable が尽きて item に代入するものがなくなると
for は終了する.

　return/break の使い方は while と同じだ.

```
def dessert(fruits):
    """
    ループの途中で break.
    この関数は 'grape' をプリントしない.
    """
    for x in fruits:
        if x == 'bomb':
            print("doka--n")
            break
        else:
            print(x)

dessert(['apple', 'banana', 'cake', 'bomb', 'grape'])
```

### 4.2.4　インデックスでループ vs. 要素でループ

ループの回り方にはインデックスで回るのと要素で回るのと二種類がある.

同じ答えが返るとしても, 安全なのは要素で回る方だ. ループ中の計算でうっかりインデックスを小数点数にしてしまったり, インデックスが範囲外になってしまうエラーを防げる. Python は負のインデックスをエラーにしないので, ループ中に間違って負のインデックスを参照するエラーを発生しても間違いに気が付きにくい[5].

要素でループするようにすれば要素を使い切ったらループが終了する. ループがどう始まりどこで終わるかを自分でプログラムするより, Python に任せてしまった方が楽だ. ループ中でインデックスを操作せざるを得ないケース以外, 要素でループした方が良い.

リスト xs の総和を for ループで求める二つの関数を比べてみよう.

```
def sum_by_index(xs):
    length = len(xs)
    sum = 0
    for i in range(length):
        sum += xs[i]
    return sum
```

---

[5] リストの後ろの要素から -1, -2, ... と負のインデックスで参照できるのは Python の特長のひとつ. ここで言うのは, 意図せず計算違いでインデックスが負となったケース.

*50* 第4章 プログラムの流れ

```python
def sum_by_elements(xs):
    sum = 0
    for x in xs:
        sum += x
    return sum

xs = [0, 1, 2, 3, 4, 5, 6, 7, 8 ,9]
print(sum_by_index(xs))
print(sum_by_elements(xs))
# ともに 45 をプリントする.
```

プログラム中の変数の数, プログラムの行数も, `sum_using_while()` (4.2.1項), `sum_by_index()`, `sum_by_elements()` の順に少ない.

### 4.2.5 リスト内包表記

Python はリスト内包表記と呼ばれる特別な構文を用意している.

`xs` を整数のリストとして Python のコード,

```python
[x for x in xs if x % 2 == 0]
```

は, `xs` 中の `x` であり, かつ, `x % 2` がゼロになるもの, つまり, 「リスト `xs` 中の偶数だけを選んだリスト」となる.

リスト内包表示は数学との親和性がよく, 数学が好きな人なら,

$$\{x \mid x \in xs, \ x \bmod 2 \equiv 0\}$$

を連想するとプログラムは理解しやすいだろう. リスト内包表記の [ ] を {},  `for` を | と読み替える[6]. Python の作者たちもコードがそう読めることを念頭に Python を作っていると思われる. 練習してみよう.

- `[x for x in range(5)]`

  $\{x \mid x \in \mathrm{range}(5)\}$

  すなわち, `[0,1,2,3,4]` が返る.

- `[x for x in range(10) if x **2 < 5]`

---

[6] `{x for x in range(5)}` も正しい Python のコードである. セット{0,1,2,3,4} が返る. しかし, タプルが返っても良さそうな `(x for x in range(5))` の戻り値はジェネレータオブジェクト. このへん詳しく説明するにはもう一冊本を書かないといけないな...

$$\{x \mid x \in \text{range}(10), \ x^2 < 5\}$$

range(10) 中の要素 x のうち, $x^2 < 5$ を満たすもの, すなわち, [0,1,2] が返る.

- [f(x) for x in range(5)]

  $$\{f(x) \mid x \in \text{range}(5)\}$$

  range(5) の要素 x それぞれに関数 f() を適用した [f(0), f(1), f(2), f(3), f(4)] が返る. 関数 f() はこのループの前に定義されている必要がある.

- [(x,y) for x in range(3) for y in ['a','b']]

  $$\{(x,y) \mid x \in \text{range}(3), y \in \{\text{'a'},\text{'b'}\}\}$$

  x の値を 0, 1, 2, y の値を'a', 'b' と変えながらループ. y の値が先に変わる. [(0,'a'), (0,'b'), (1,'a'), (1,'b'), (2,'a'), (2,'b')] が返る.

**問 4.1** リスト内包表記で次のリストを作れ.

1. $0 \leq n < 20$ の整数 $n$ のリスト.

2. $100 \leq n < 200$ であり, かつ 17 の倍数である整数 $n$ のリスト.

3. $0 \leq n < 10$ である整数 $n$ のそれぞれを 2 乗したリスト.

4. $0 \leq x < 100$, $100 \leq y < 200$ の整数 $x, y$ を乗じた数 $xy$ の下一桁が 3 になるもの.

5. 九九の表を表すリスト.

### 4.2.6 range()

Python プログラム中, range() は for ループや他の場所で多用される. range() は Python の分類では関数ではないが, 関数として扱ってよい.

本来の range() はアリティ 3 だが, 引数を省略した場合, 引数に Python が適切な値を補ってくれる[7].

- range(start, stop, step) が本来の形. start 始まりで stop を超えない step 刻みの「レンジオブジェクト」(後述) を返す.

---

[7] 文字列の s[start:stop:step], リストの xs[start:stop:step] と同じ構造. あちらは '[ ]' と ':', range は '( )' と ',' を使うという違いはある.

52　第4章　プログラムの流れ

- range(start, stop) は range(start, stop, 1) として扱われる.
- range(stop) は range(0, stop) として扱われる.
- range() はエラー.

かくして range(10) は range(0,10,1) と等しく, 実行すると戻り値は range(0,10) になる. これがレンジオブジェクト. レンジオブジェクトは list(range(10)) の呼び出しでリストに実体化される「リストのようなデータ」だ.

```
>>> range(10)
range(0, 10)
>>> list(range(10))
[0, 1, 2, 3, 4, 5, 6, 7, 8, 9]
```

レンジオブジェクトが for x in range(10): の文脈で利用されると, for 文は周回の度, レンジオブジェクトから要素をひとつ取り出し, x に代入する.

### 4.2.7　リストのようなデータ?

レンジオブジェクトは通常のリストと何が違うのか?

メソッド__sizeof__() を使うと変数やリストのメモリ使用量を知ることができる.

```
>>> # 整数要素が 10 個のリストのメモリ消費量は 120 バイト.
>>> [0,1,2,3,4,5,6,7,8,9].__sizeof__()
120
>>> # 0..9 のレンジオブジェクトは 48 バイトしか消費しない.
>>> range(10).__sizeof__()
48
>>> # list(range(10)) で実体化すると 120 バイトに増える.
>>> list(range(10)).__sizeof__()
120
>>> # 10^9 個の要素のリストを産むレンジオブジェクトは 48 バイト.
>>> range(10**9).__sizeof__()
48
>>> # 実体化すると 8G バイト. この操作に君の PC は耐えるか?
>>> list(range(10**9)).__sizeof__()
```

8000000040

レンジオブジェクトの「必要になったら要素を取り出す」,「必要になるまでデータを実体化しない」という性質は大幅にメモリの使用量を抑える.

ループを for i in list(range(...)) で書き,レンジオブジェクトを実体化してから回るループでは効果はない.

---

### ◆ コラム 9　numpy.arange

関数 range(start,stop,step) の引数 start, stop, step はすべて整数なので,「1.0 から 2.0 まで 0.1 刻み」のようなリストがほしいときに小数点数を引数に呼ぶとエラーになる.

```
>>> range(1.0, 2.0, 0.1)
Traceback (most recent call last):
  File "<stdin>", line 1, in <module>
TypeError: 'float' object cannot be interpreted as an integer
```

こんな時はライブラリ numpy の arange() 関数が便利だ.引数は range() とほぼ同じで,ただし,浮動小数点が使える.戻り値はレンジオブジェクトでなく,array.

```
>>> from numpy import arange
>>> arange(1.0, 2.0, 0.1)
array([1. , 1.1, 1.2, 1.3, 1.4, 1.5, 1.6, 1.7, 1.8, 1.9])
```

ステップ幅ではなく区間を num 個に分割する linspace(start,stop,num) もよく使われる.num は整数.linspace() は stop がインクルーシブ(範囲に含まれる)ので,時々,ギョッとすることがある.arange() や range() の stop はエクスクルーシブ(範囲に含まれない).

```
>>> from numpy import linspace
>>> linspace(1.0, 2.0, 10)
array([1.        , 1.1111111, 1.2222222, 1.3333333, 1.4444444,
       1.5555556, 1.6666667, 1.7777778, 1.8888889, 2.        ])
```

理解して使おう.

## 4.3 例外

火星探索ロケットの打ち上げだ.

主任: 12 時 34 分 56 秒にエンジン点火する. カウントダウンを始める！

係員: 発車時刻入力完了. カウントダウン開始.

主任: 液体燃料注入開始！

係員: 注入開始しました.

主任: 天候確認！

主任: 風向き確認！

主任: 通信確認！

主任: 操舵確認！

主任: 安全弁確認！

係員: 異常事態です！発射時刻 1 時間前なのにエンジン点火してます！燃料注入完了してません！

主任: 燃料パイプに漏れはないか？

主任: 燃料計が間違ってないか？

主任: エンジンは？

主任: 通信は？

主任: 計画中止, ロケットを爆破せよ！

　失敗の原因は 12 時 34 分 56 秒と入力すべきところ, 係員が 12 時 −34 分 56 秒とタイプミスしたことだった[8]. 関数 time_to_int(12, -34, 56) の呼び出しがそれらしき正数を返してしまったため, 戻り値を受け取ったカウントダウン関数が正しくカウントダウンし, 間違った残り時間 0 秒で正しくエンジン点火を指示した. 燃料系も, 動力系も, 計測系も完璧だった.

　ミスはどこで防ぐべきか. エンジンや燃料や計器じゃない. 間違った通算秒数を受け取ったカウントダウン関数でもない. 不正な入力（引数）があった関

---

[8] NASA のロケット打ち上げの失敗の原因がロケット制御プログラム中のピリオドとコンマの打ち間違いだったことが噂されている. ピリオドをコンマで打ち間違うと意味の違うコードになるのだが, 文法的にはどちらもありなので, Flake8 などのリンターは警告しない.

```python
def add2(*x):
    return x[0] + x[1]
print(add2(12,34,5)) # 46 をプリントする
print(add2(12.34,5)) # 17.34 をプリントする
```

こんなのが何百億円もするロケット打ち上げの失敗の原因だったら？

数 time_to_int() がすぐにプロジェクトを止めるべきだった.

エラーした関数が他の関数が正解と誤認してしまう戻り値を返すと，エラーが紛れて処理が進んでしまい，大惨事になって驚く．大惨事にならなくても，不正確な，あるいは期待される精度を逸した答えになって，幸せが遠のく．プログラムの異常動作からプログラムに間違いがあることが推測できても，問題点がどこにあるか見つけにくく，修正は困難になる．

### 4.3.1 プログラムの強制終了

実行中のプログラムを強制的に止めるには raise を使う．raise は，

```
raise Exception("関数名", "エラーの内容", その他の情報)
```

のようにプログラムする．例外を投げるという．

raise は return 同様，関数ではない．関数の定義中に複数の raise があっていいが，関数の実行中，最初の raise に出会った時点で関数呼び出しが終了する．関数は必ず return で終了せよと前章で言ったが，修正します．**関数はreturn あるいは raise のいずれかで必ず終了せよ.**

Exception() は厳密には関数ではないが，関数 print() のように扱ってよい．Exception() は不定個の引数を取る．第一引数の関数名は必須でない．関数名を明記しておくとエラーを起こした関数が一目瞭然という実用上のノウハウだ．第二引数以下にはエラーの内容を具体的に示すメッセージ，エラーに関連する引数，変数を与える[※9].

このコードによって，入力ミス，プログラムミスなどのエラーは早期に発見され，それ以降のダメージの大きいコードを実行する前にプログラムを停止できるようになる．

```
from time import sleep

def time_to_int(hh, mm, ss):
    """時刻 hh:mm:ss を 00:00:00 からの整数に安全に変換する"""
    if (0 <= hh < 24) and (0 <= mm < 60) and (0 <= ss < 60):
```

---

[※9] Python は Exception の仲間としてエラーの内容を具体的に示す ValueError やZeroDivisionError 他，たくさん用意している．情報応用では Exception ひとつで十分．そのかわり，エラーを見つけた時，Exception の引数に詳しいエラー情報を与えるようにしよう．

**56** 第4章 プログラムの流れ

```
            return 3600 * hh + 60 * mm + ss
        raise Exception("time_to_int()",
                        "入力をチェックしてください", hh, mm, ss)

def count_down(n):
    """
    整数 n> 0を引数に 0 まで 1 ずつ小さくする.
    ループ中 n の値をプリント. n==0 で True をリターンする.
    """
    while n > 0:
        print(n)
        n -= 1
        sleep(1)
    return True

def dokaaan():
    """
    時刻をキーボードから入力(簡単のため秒だけ),
    カウントダウン後, 文字列"ドカーン!"を戻す
    """
    s = int(input("何秒後にドカーンですか?"))
    count_down(time_to_int(0, 0, s))
    return "ドカーン!"

>>> dokaaan()
何秒後にドカーンですか? -10
Exception: ('入力をチェックしてください', 0, 0, -10)
```

### 4.3.2 None や他の値を返したらどうか

　関数が None を返すのは正しい戻り値を戻せない責任を別の関数になすりつけるもの. `time_to_int()` のチェックが重要であることは述べたとおりだが, `time_to_int()` がエラーで None を返すとすると, そのエラーをチェックするため, `time_to_int()` を呼び出す関数の全てに, `time_to_int()` の戻り値が None かどうかをチェックするコードを書かなくちゃならなくなる. これは大変な作業だ.

　そうではなく, `time_to_int()` 自身が正当な戻り値を戻せないと判断した

時，関数内部から例外を投げればよい．エラーチェックが何重になっていても，
必要なコードは関数の内部にとどまる．プログラム中にばらけることはない．

### 4.3.3 print() で代用できないか

大惨事のもと．やめよう．悪例は次．

```python
def t_t_i(h, m, s):
    ret = h * 3600 + m * 60 + s
    if ret < 0:
        print("shoule be positive")
    return ret
```

"should be positive" のプリントを人間が見ても，負の戻り値 ret を受
けたプログラムによりロケットは爆発．

### 4.3.4 止めるべきか，止めないべきか

間違いがわかったコード，プログラムは即座に止めよう．数学の「偽からは
あらゆる（間違った）定理さえ証明できる」を思い出そう．間違ったプログラ
ムを動かし続けるのは資源の無駄使いだ．

### 4.3.5 止めろと言われても…

しかし，止めろと言われても，プログラムの実行を止めたくない場合もある．
関数から上がってくる raise を途中で補足する裏技も Python は持ってい
る．そうすればエラーが発生しても動作を続けることが可能になる．

次のコードは，関数 calc() が関数 loop() を呼び，さらに関数 loop() は
関数 div() を呼んでいる．

```python
def div(x, y):
    if y == 0:
        raise Exception("div()", "y==0")
    return x / y

def loop():
    x = int(input("x= "))
    y = int(input("y= "))
    return div(x, y)
```

```
def calc():
    while True:
        print("ans:", loop())
calc()
```

$x/y$ が計算可能である場合，戻り値は呼び出しとは逆の順に div() から loop() を経由して calc() に戻る．これが通常の関数呼び出し．

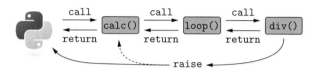

**図 4.2** return は関数呼び出しを逆にたどって呼び出し元に戻る．raise は Python に直行するが，プログラム次第で途中で補足できる．

対して raise は，呼び出しを逆に戻るルートをたどらず，直接 Python に「止まれ」の信号を届ける．この信号によって，プログラムは止まる．

信号を途中で捕捉すれば Python は止まらない．それには，関数呼び出しの途中の関数に，次のような仕掛けをプログラムする．

```
def calc():
    while True:
        # 例外が発生しやすい箇所をtry:以下に置き，
        try:
            print("ans: ", loop())
        # 例外発生の際の動作をexcept Exception:の下に書く．
        except Exception:
            print("check y and do again.")
```

try: ブロックの下の except: ブロックは try: ブロック内で発生した例外を excepct ブロックで捕捉する．

例外は try: のブロック内の字面上に現れる関数ばかりじゃなく，関数から呼び出される関数のそのまた先の関数の内部で発生したものでもよい[10]．

この try〜except は諸刃の剣だ．せっかくの密告直接ルートを閉ざしてしまい，大惨事発生予防機構を機能不全にする．諸刃の剣の使用は慎重を要する．

---

[10] 専門的には例外はダイナミックスコープってこと．

## 4.4 並行処理

分岐，ループ，例外処理のいずれも，プログラムの実行を開始した後，どんな関数がどんな順番で呼び出され，どう戻って行ったか，一筆書きで辿れるものだった．

本章で紹介する並行処理は違う．呼び出した関数の終了を待たずに，別の関数を呼び出し，プログラムの複数の箇所を同時に実行する．一筆書きではプログラムの進行を辿ることができない．

プログラムの中にも高速で実行できる部分とどうしても時間がかかる部分があって，それらを順番に実行すると非効率になってしまうことがある．あちらの重い関数の終了を待たずに，こちらの軽い関数をさっさと実行できたらうれしい．重さ・軽さを別として，プログラム中の複数の関数を同時に走らせることができれば，プログラム全体の実行時間も短縮する．

並行処理[11]のサポートは執筆時点で Python の最新バージョン 3.12 でも完全ではなく，次のバージョンでのグレードアップが予告されている．将来的に重要なトピックでもあるので，標準ライブラリの threading を使った並行プログラムをさらっと軽く紹介する．

次のプログラムを num_alpha.py としてセーブしよう．

```python
from threading import Thread
from time import sleep

def print_numbers():
    for i in range(10):
        print(i)
        sleep(1)
    return "print_numbers"

def print_alphas():
    for i in "abcdefghij":
        print(i)
        sleep(1)
    return "print_alphas"
```

---

[11] 似た言葉に「並列処理」があり，並行処理・並列処理の違いから解き起こすのがストロングスタイルの教科書だ．本書はうやむやでいこう．

```
def serial():
    print_numbers()
    print_alphas()

def parallel():
    t1 = Thread(target=print_numbers)
    t2 = Thread(target=print_alphas)
    t1.start()
    t2.start()
    t1.join()
    t2.join()
```

プログラムは最初の from threading import Thread 行，最後の関数 parallel() 以外，変哲もない普通のプログラム．print_numbers() は 1 秒おきに数字を 0 から 9 までプリントする．print_alphas() は 1 秒おきにアルファベットをプリントする．

関数 serial() は print_numers() と print_alphas() を順番に呼ぶ．Python を起動し，関数 serial() を実行しよう．

```
>>> from num_alpha import serial
>>> serial()
0
1
...
```

変哲もないので実行結果を端折るが，数字 0~9 のプリントの後にアルファベット a~j をプリントする．実行に 20 秒かかった．

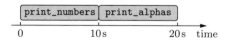

**図 4.3** 関数 print_numners() が終了してから関数 print_alphas() が呼ばれた．

同様に関数 parallel() を実行してみる．

```
>>> from num_alpha import parallel
>>> parallel()
0
a
1
b
...
```

数字とアルファベットが交互にプリントされ，プログラムの実行時間も半分の 10 秒に縮まった．関数 print_numbers() と関数 print_alphas() が同時に走ったためである．

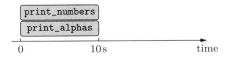

図 4.4　関数 print_numners() と関数 print_alphas() とが同時に走った．

標準ライブラリの threading の Thread クラスを利用すると，複数の関数を同時に走らすことのできるスレッドを試すことができる．

### Thread クラス

> Thread(target=function)

で，関数 function がスレッドで実行されるようになる．関数が引数を取るときはキーワード引数 args に引数をタプルで渡す（割愛）．

### start() メソッド

Thread() の戻り値（インスタンス）に，start() メソッドを呼び出すと，関数がスタートし，呼び出した関数の戻り値を待たずに，すぐに呼び出し元に戻ってくる．ここが普通の関数呼び出しと違うところ．複数の Thread() 呼び出しで複数の Thread インスタンスを作り，次々と start() を呼べば，複数のスレッド中の関数が同時に走り出す．

### join() メソッド

join() はスタートしたスレッドの終了を待つメソッド．

62    第4章　プログラムの流れ

### 戻り値はどこへ行った？

　スレッド中の関数の戻り値を待たずにプログラムが進行してしまうので，戻り値を受ける場所がない．グローバル変数retを設け，returnをretへの書き込みに代える[12]．

```
ret = []

def print_numbers():
    global ret
    for i in range(10):
        print(i)
        sleep(1)
    # 書き換える.
    ret.append("print_numbers")
```

print_alphas()も同様に書き換え，parallel()の呼び出し後に，グローバル変数retをプリントしてみる．

```
parallel()
print(ret)
```

　交互に数字，アルファベットのプリントが十秒あったあと，['print_alphas', 'print_numbers']がプリントされた．

　ん？順番が違うって？そうなんです，同時に走っているからどちらが先にゴールインするかは予測できない．

　並行処理・並列処理の重要性は今後ますます高まってくる．挑戦しがいのある分野であることは間違いない．

---

[12] グローバル変数を使う以外の方法もある．本書の範囲を超える．割愛．

# ファイル

ファイルとは何か？ワードやエクセルで作成した文書をセーブするあれ，スマホのカメラで撮ったスナップ写真を保存するあれ，Python のプログラムをセーブするあれのことである．Apple Music で聴く音楽も，幾分違った形態でサービスされるが，Apple のサーバに保存されているのはファイルである．

ファイルが情報を記録することはメモリ (RAM) と一緒だが，電源がなくなるとメモリに記憶された情報は消えてしまう．ファイルに記録した情報は残る．大切なデータはファイルに書いてセーブしよう．

## 5.1 ファイルに書く

ファイル名 eatings.py で次のプログラムをセーブする．今日の食事のメニューをターミナルから打ち込み，ファイル eats.txt にセーブするプログラムだ．

```
def write_eat(fname, s):
    fh = open(fname, mode="w", encoding="utf-8")
    fh.write(s)
    fh.close()

def eat(fname):
    s = ""
    while True:
        s = input("今日何を食べた？=> ")
        if s == "END":
```

```
            print("ごちそうさまでした. ")
            break
        write_eat(fname, s)

eat("eats.txt")
```

VSCode の ▷ を押すとターミナルで質問が始まる．大文字 END の入力で終了．

```
>>> 今日何を食べた？ お好み焼き
>>> 今日何を食べた？ たこ焼き
>>> 今日何を食べた？ 鯛茶漬け
>>> END
ごちそうさまでした.
```

プログラム終了後，セーブされたファイル "eats.txt" は VSCode のファイル一覧に現れる．ダブルクリックで開いて確認すると...最後に食べた "鯛茶漬け" しかない！（図 5.1）これではダイエットは無理だ．

**図 5.1** お好み焼きやたこ焼きも食べたはずだが？

### 5.1.1 関数 open()

関数 write_eats() 中で呼び出している open() は組み込み関数で，第一引数はオープンするファイル名，第二引数以降はオープンのモード（読むのか，書くのか，その他），ファイルのエンコーディング（後で説明）などを示すキーワード引数（3.7.3 項）が続く．戻り値はこの後説明するファイルハンドル．

```
fh = open(fname, mode="w", encoding="utf-8" )
```

キーワード引数 mode はファイルを開く形態.

| | |
|---|---|
| mode="w" | ファイルを書き込みモードで開く.ファイルの内容は上書き. |
| mode="a" | ファイルの末尾に追記する. |
| mode="r" | ファイルを読み込みモードで開く. |
| mode="wb" | ファイルを書き込み,かつ,バイナリモードで開く. |
| mode="rb" | ファイルを読み込み,かつ,バイナリモードで開く. |

バイナリモードがわかりにくいが,PNG や JPG などのデータを保存するときに使うと覚えておこう.バイナリモードを指定しないときは一般のプログラムやテキストに適するテキストモードが使われる.

write_eat() の open() 関数では mode="a"を使うべきだった.mode="a"ではファイルへの書き込みはファイルの末尾への追記になる.mode="w"の場合はファイルの内容は上書きされる.ファイル"eats.txt"は最後の"鯛茶漬け"で上書きした結果だった.

キーワード引数 encoding="utf-8"はファイルに読み書きするときの文字コードを指定する.一部の OS (Windows など) では encoding="utf-8"を指定しないと,ファイルが文字化けの状態になる.

### 5.1.2　ファイルハンドル

関数 open() の戻り値はファイルハンドルと呼ばれ,ファイルがハードディスクや SSD のどこにあり,それはどんなファイルで,何文字(何バイト)あって,現在どこまで読み進んだか,などの情報が詰まったオブジェクトになっている.このオブジェクトに対して,次の write() や read() メソッドを呼ぶことで,ファイルとのデータのやりとりを実現する[1].

### 5.1.3　write(), readline()

ファイルハンドル fh からデータを読み書きするには write(), readline() を使う.

---

[1] オブジェクトの具体的な中身はプログラマは知らなくていい,細々したことはオブジェクトに任せよ— Python もその流れを汲む「オブジェクト指向」の大教義だ.本書は残念ながらオブジェクト指向に割くページがなくなってしまった.続編に期待しよう.

| | |
|---|---|
| `fh.write(s)` | ファイルハンドル `fh` に関連付いたファイルに文字列 `s` を書く. |
| `fh.readline()` | `fh` から改行文字が来るまで読んで, 読んだ文字列を返す. |
| `fh.readline(size=n)` | `fh` から `n` 文字読む. 読んだ文字列を返す. |

### 5.1.4  close()

使い終わったファイルは `close()` で閉じないとオペレーションの内容は保証されない. 書き込んだはずの内容が正しくセーブされず, ファイルを開いたままだとメモリを解放しない.

ファイルを閉じるにはファイルに関連付いたファイルハンドルに対し, `close()` で.

```
fh.close()
```

### 5.1.5  with

しかし, `fh.close()` をしばしばプログラムし忘れる. `open()` と `close()` のコードは, ループのはじめと終わり, 離れた行にプログラムせざるを得ないことと無関係ではないだろう.

```
with open(fname, mode=..., encoding=...)  as fh:
```

という構文を用いると, プログラムの制御が `with` のブロックから出たら, オープンしていたファイルは自動的にクローズされる. `fh.close()` を忘れて痛い目にあうことがない.

ファイルのオープンは `with open() as fh:` で覚える方がいい. `open()` 構文は単独で使わないように.

### 5.1.6  改行文字

`"\n"` は改行文字と呼ばれ, その名の通り, 一行をその位置で終わりにし, 次の行に進むの意味を持つ. 改行文字が入らない文字列を連続で `write` すると横にずらっと長い一行が書き込まれることになる.

次に説明する `readline()` が改行文字を目印にファイルを読むので, 改行文

字がファイルに入ってないと都合が悪い場合もある.

1行ごとに改行文字を入れるよう, `write_eat(s)` を改良しよう.

```python
def write_eat(fname, s):
    with open(fname, mode="a", encoding="utf-8") as fh:
        fh.write(s + "\n")
```

## 5.2 ファイルを読む

ファイル "eats.txt" の内容をプリントしてみよう.

```python
def read_eats(fname):
    with open(fname, mode="r",encoding="utf-8") as fh:
        while True:
            line = fh.readline()
            if line == "":
                break
            print(line)
```

`mode="r"` でオープンしたファイルハンドル `fh` から,

$$\boxed{\text{line = fh.readline()}}$$

によって, 改行文字までの一行が読み込まれ, その戻り値が `line` になる.

`readline()` はそれ以上ファイルから読むものがないと判断したら空文字列 `""` を返すので, その時はループを脱出, 関数の終了とする.

`print(line)` が末尾に改行文字がある文字列 `line` をプリントした後に改行するので, プリントの各行は一行ずつ空行ができる. これを避けるには, `open()` に引数 `newline=""` を足し, 内側のブロックの `readline()` が改行文字を外して行を返すようにする. あるいは, `print(line)` を `print(line[:-1])` に変更し, 末尾の改行文字を外した文字列をプリントする.

### 5.2.1 Python の for は強力

Python の `for` ループは強力. `readline()` を使わずにファイルハンドルから直接データを読み出せる. ファイルを読み切ったかどうか, `readline()` の戻り値が `""` であるかどうかを判定するコードを書く必要もなくなる.

```
def read_eats(fname):
    with open(fname, mode="r",encoding="utf-8") as fh:
        for line in fh:
            print(line)
```

## 5.3 ファイルを消す・ファイル名一覧

ファイルを消すのはファイルハンドルの仕事ではない. OS (Windows, Mac) の仕事. 標準ライブラリ os にある remove(fname) 関数を使う. fname はファイル名. remove() は有無を言わさずファイルを消すので注意しよう.

標準ライブラリ os には他にも現在ディレクトリのパスを表示する getcwd() やフォルダ中のファイルを一覧する listdir() などのユーティリティ関数がある. listdir(".") の呼び出し中, 引数の"."は現在ディレクトリを表し, listdir(".") で「現在ディレクトリにあるファイル, フォルダの一覧をリストで返せ」になる.

```
>>> from os import getcwd, listdir, remove
>>> getcwd()
'C:
Users
user
Desktop
files'
>>> listdir(".")
['eatings.py', 'eats.txt', 'files.tex', 'main.tex']
>>> remove("eats.txt")
>>> listdir(".")
['eatings.py', 'files.tex', 'main.tex']
>>>
```

remove("eats.txt") で, 今日の食事メニュー "eats.txt" が現在ディレクトリから消えた.

# テストとデバッグ

修正や変更なしに完成するプログラムはほとんどない．プログラムの開発は「行きつ，戻りつ」のプロセスになる．

プログラム開発の方針として，プログラムをすべて書き上げてから動作を確認するのではなく，関数を一つ定義するたびにその動作をチェック，あるいは関数定義の途中でもチェックを重ねて少しずつプログラムを書き上げるようにすると，結果的に短い時間で開発を完了できることが多い．

## 6.1 プリントテスト

プリントテストは最も基本的なテストだ．プログラムの要所に print() を挿入し，プログラムの進行ルート，変数の値などを随時チェックする．print()の呼び出しで変数の値が変わることはなく，関数の戻り値に影響することはない．存分にプリントテストし，プログラム開発を効率よく進めよう．

```
def foo(arg):
    print("foo() called", "with", arg)
    return True

foo(123)
# foo() called with 123
```

素朴なプリントテストの難点は完成後の動作に不要なプリントが入ってしまうことだ．開発コードに潜ませた大量の print() 行をプログラム完成後に削除やコメントアウトするのは気が重くなる．

## 6.1.1 グローバル変数で print() をコントロール

この問題は print() を条件付きで実行することで解消できる．グローバル変数 DEBUG が True の時に限りデバッグ情報をプリントする関数 debug() を定義し，print() をこちらの debug() で置き換える．

```
DEBUG = True

def debug(*s):
    global DEBUG
    if DEBUG:
        print("DEBUG:", *s)

def foo(arg):
    debug("foo called", "with", arg)
    return True

foo(123)
# DEBUG: foo() called with 123
```

存分にデバッグした後，DEBUG=False に書き換える．書き換えは一箇所だけだ．関数 debug() が大量に残っていても，その呼び出しは空振りする．開発時のデバッグメッセージが本番実行時に表示されることはない．

## 6.1.2 環境変数で print() をコントロール

デバッグ動作の ON/OFF に対応してプログラムを書き換えるのもややスマートさに欠ける．環境変数でプログラムの動作を制御しよう．

環境変数とはプログラムの外で定義される変数で，プログラムからその環境変数の値を参照し，プログラムの動作を変えることができる．自分が新たに定義する環境変数と同じ名前の環境変数が定義済みであった場合，上書きになることに注意しよう．

環境変数はデバッグ以外にも，パスワードをプログラムに埋め込まず環境変数を参照するなどの用途に活用されている．

環境変数の操作はターミナルでのコマンドが簡単．

### (a) 環境変数の一覧

定義済み環境変数の一覧を得るにはターミナルで `dir env:`↵ を実行する．

```
> dir env:
Name                    Value
----                    -----
ALLUSERSPROFILE         C:\ProgramData
APPDATA                 C:\Users\user\AppData\Roaming
CommonProgramFiles      C:\Program Files\Common Files
CommonProgramW6432      C:\Program Files\Common Files
COMPUTERNAME            DESKTOP-I2NLOAR
...以下略...
```

プログラムの実行以前に多数の環境変数が定義済みになっている.

自分で定義する環境変数は左の Name 欄にない名前を使おう. `dir env:` がエラーになる時は下のコラム「PowerShell」を参照し, PowerShell をインストールしよう.

**(b)  環境変数を確認する**

環境変数 VAR の値を確認するには, ターミナルで `dir env:VAR`← を実行する. 次の例は環境変数 DEBUG の値を確認している.

```
> $env:DEBUG
```

**(c)  環境変数を設定する**

環境変数 VAR の値を value に設定するには, ターミナルで `dir env:VAR=value`← を実行する. 次の例は環境変数 DEBUG の値を 'ON' に設定している.

```
> $env:DEBUG='ON'
```

WSL/Ubuntu や Mac では, 環境変数の一覧や確認には printenv, 設定には export を使う.

**(d)  Python から環境変数を参照する**

Python から環境変数を参照するにはライブラリ os の関数 getenv() を使う.

```python
from os import getenv

def debug(*s):
    if getenv("DEBUG") == "ON":
        print("DEBUG:", *s)

def foo(arg):
    debug("foo called", "with", arg)
```

72    第 6 章　テストとデバッグ

```
    return True

foo(123)
```

$env:DEBUG='ON' の後のプログラム実行でデバッグ情報をプリントする.
$env:DEBUG='' で環境変数 DEBUG をクリア後にプログラムを実行すると, デ
バッグ情報をプリントしなくなる.

```
> $env:DEBUG="ON"
> python3 debug_test.py
DEBUG: foo called with arg 123
> $env:DEBUG=""
> python3 debug_test.py
>
```

WSL/Ubuntu や Mac にはさらにスマートなやり方がある. DEBUG=ON を
実行するマンド行の前（左）にタイプすると DEBUG=ON の効果が及ぶのはそ
の行のコマンドのみとなる. コマンドの実行が終わると設定した環境変数はリ
セットされる.

```
% DEBUG=ON python3 debug_test.py
DEBUG: foo called with arg 123
% python3 debug_test.py
%
```

### ◆ コラム 10　PowerShell

　レガシーな「コマンドプロンプト」を使っている場合, 環境変数の設定は「環
境変数の設定」からの操作になる. 面倒なので, PowerShell に切り替えよう.
Microsoft 社も PowerShell への移行を奨励している.
　PowerShell は winget コマンドでインストールできる.

```
> winget install powershell
```

　インストールを確認したら, コマンドプロンプトのメニューから設定を選び,

規定のプロファイルで，PowerShell を選ぶ．下の方の 保存 ボタンを押す．これでフォルダを右クリックからの「ターミナルを開く」メニューの選択で PowerShell がスタートするようになる．

## 6.2 デバッガ

VSCode に Python 機能拡張を入れた時，付随して Python Debugger 機能拡張がインストールされている[1]．デバッガを使うと，実行中のプログラムを任意の行で止め，変数の状態ほかをチェックできる．

使い方は，

1. テストしたい関数の入った *.py ファイルを VSCode で開く．
2. 関数の実行をその行で止めるブレークポイントを設ける．*.py ファイルの行番号よりも左でクリックすると赤丸マークがつく．これをブレークポイント（図 6.1）と呼ぶ．プログラム中，複数のブレークポイントを設けることができる．
ブレークポイントはマウスでドラッグして別の行に移動，ウィンドウの外までドラッグすれば削除できる．

```
1   def kuku():
2       for i in range(10):
3           for j in range(10):
4               k = i * j
5               print(k)
6
7
8   # don't forget
9   kuku()
```

図 6.1 5 行目にブレークポイントを設けた．

---

[1] ないときはサイドバーの □ から Python Debugger を探してインストール

3. テストしたい関数を実行するコードを *.py ファイルに忘れずに書き足す．忘れるとデバッガがすっぽ抜けるので注意．
4. VSCode のサイドバーの をクリック．デバッガがスタートし，ブレークポイントでプログラムの実行が止まる（図 6.2）．

何度かウィンドウ上部に見えるボタン左の Continue を押してみた．左に見える `i:`, `j:`, `k:` の値に注目．プログラムはブレークポイントの行で止まり，その行を実行する直前の変数の値を表示する．

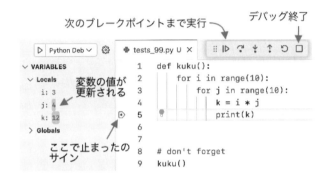

**図 6.2** ブレークポイントでプログラムの実行が止まっている．

## 6.3 doctest

プリントやデバッガによる追跡は関数の内部で変数のとる値に注目する．ここで紹介する doctest は関数の振る舞いをチェックする．関数の docstring 中に関数がどんな引数の時にどんな戻り値を返すかの具体例を書いておき，必要に応じてテストを実行する．コメント文がテストコードになってテスト実行のための特別な設定も不要という一石三鳥のテストだ．

1. docstring 中に，定義中の関数のテスト入力（引数）に対する戻り値をターミナルでの実行をイメージして書く．書き方は，プロンプト >>> に続いて適当な引数を伴った関数呼び出し，その下の行に関数の期待される戻り値．プロンプト，関数呼び出し，戻り値の組みは何個あっても良い．

```
def add1(n):
    """
    n + 1を返す.

    >>> add1(0)  # ここから下がテスト. add1(0) の戻り値は?
    1
    >>> add1(9)  # 二つ目のテスト. add1(9) の戻り値は?
    10
    """
    return n + 1
```

**2.** テストの実行は,

    $ python3 -m doctest prog.py

コマンドを実行した結果, 何も表示がなかったらテストは成功. エラーがあれば, 何が期待に反したかを表示する.

　注意すべきことは, スペースの数や文字列のクオーテーションマークの種類, print() によるプリントもすべて比較されること.

　次の関数のテストは成功しない.

```
def fruits():
    """
    >>> fruits()
    ["apple", "banana"]
    """
    return ["apple", "banana"]
```

　return ["apple", "banana"] をプログラムしても, Python が返す戻り値はダブルクオートをシングルクオートに変えた ['apple', 'banana'].

---

```
> python3 -m doctest fruits.py
*******************************************************
File "fruits.py", line 3, in fruits.fruits
Failed example:
    fruits()
Expected:
    ["apple", "banana"]
Got:
```

```
      ['apple', 'banana']
   ******************************************************
   1 items had failures:
      1 of   1 in tests_hello.fruits
   ***Test Failed*** 1 failures.
```

doctest 使い初めの頃は，書くべきコードの量が増え，エラーになりそうな箇所が二倍になって大変だが，プログラムは書いて終わりではない．利用する限り，修正・改良が続くことに気がつくと，ありがたさが三倍になって，ペイする．

doctest のほかにも，いろんな特徴のあるテストライブラリがある．pytest は特によく使われている．

# ライブラリ

ライブラリ関数や自分が別ファイルに作った関数を利用したいという状況は日常的に発生する．

## 7.1 組み込み，標準，外部ライブラリ

Python の関数は，自作する関数のほか，
- 起動直後から利用可能な組み込み（ビルトイン）関数．
  抜粋して使用例を本書付録に設けている．
- import でインタプリタのセッションや自分のプログラムに読み込んで（インポート）してから利用可能になる標準ライブラリ．
  詳しくは Python のサイト，https://docs.python.org/3/library/ を見るのがいいだろう．代表的な標準ライブラリとしては，
  - math ... 数学関数．三角関数や対数，組み合わせなど
  - random ... 乱数．
  - datetime ... 日付け，時刻関連．
  - calender ... カレンダーに関係する一般的事項．
  - re ... 正規表現．本書では扱えなかった．
  - os ... OS に関連すること．5.3 節で一部利用した．
  - sys ... Python インタプリタの設定関連．
  
  など．
- pip などのコマンド等でインストールの作業の後，import でインポー

トし，利用可能になる外部ライブラリ．

外部ライブラリの種類，数も膨大．最近は機械学習，AIに関するライブラリが増えている．

授業で利用する数値計算用の numpy，画像処理の opencv-python 等の外部ライブラリは，1章でインストールした[1]．

の3つのカテゴリーがある．

いずれのカテゴリーに属する関数であっても，インポートしたあとは自作の関数と同様にプログラム中から利用できるようになる[2]．

## 7.2　ライブラリのインポート

標準ライブラリでも，外部ライブラリでも，自分で作成した別プログラムでも，作成中のプログラムにインポートすれば利用可能になる．

インポートの仕方は，プログラムファイルの先頭に，

$$\boxed{\text{import モジュール名}}$$

または，

$$\boxed{\text{from モジュール名 import 関数名}}$$

とする．ファイルの先頭以外の場所でも利用の前であれば import，from import は可能だが，なるべく先頭で使おう．PEP8[3] にも「import 文は常にファイルの先頭におけ」とある．プログラムファイルの途中に置いた import 文はその行より上で定義した関数名を隠してしまうことがある．

モジュール名はファイル名から ".py" をとったもの．複数のモジュール名，関数名はコンマで区切って並べる．コンマ区切りの関数名がたくさんになったら改行し，括弧で囲る．次は Black Formatter の整形例だ．

---

[1] 膨大な外部ライブラリを目的もなく闇雲にインストールすると，PC の容量不足や時には失調を招くことがある．章末のコラムを参考に．

[2] 一般に，プログラムの開発は組み込み関数，標準ライブラリ，外部ライブラリを取り込んで進める．しかし，プログラミング学習の段階では，あえて組み込みやライブラリ関数を使わず，それらの機能を模倣する関数を作ってみることが効果的な学習方法のひとつになる．

[3] PEP8 は Python プログラムのべし・べからず集．Python を学ぶ人は必見だ．日本語訳は次の URL から．https://pep8-ja.readthedocs.io/ja/latest/

```
from cv2 import (
    cvtColor,
    CascadeClassifier,
    VideoCapture,
    COLOR_BGR2GRAY,
    rectangle,
    imshow,
    waitKey,
    destroyWindow,
)
```

### 7.2.1 import と from import の使い分け

使用例を比べるのが早道. 標準ライブラリ math で $\sin \pi$ の値を見てみる.

```
>>> import math
>>> math.pi
3.141592653589793
>>> math.sin(math.pi)
1.2246467991473532e-16
```

「import math」で math ライブラリをインポートした場合, サイン関数は
math.sin(), 円周率は math.pi のように, 関数名, 定数の前に, "math."
が必要となる.

「from math import sin」でサイン関数を決め打ちした場合はモジュール
名のプレフィックスなしで呼び出せる.

```
>>> from math import sin, pi
>>> pi
3.141592653589793
>>> sin(pi)
1.2246467991473532e-16
```

「from モジュール import 関数」を使った方が後のプログラムでタイピン
グの量が減って楽. しかし, モジュール内にたくさんの関数が定義されていて
も, import 以下に並べた関数しか利用できない.

*80* 第 7 章 ライブラリ

「import モジュール」の場合, "モジュール名." のプレフィックスが必要なものの, モジュール内に定義された関数, 定数, その他を import 行の変更なしに利用できる. また, その関数がモジュール由来であることをプログラム上で明確にできるというメリットがある. 例えば, math と numpy には同名の関数 sin() が定義されている. numpy.sin() にはリストを引数に取れるという拡張が施されている.

```
>>> import math, numpy
>>> numpy.sin([0, 1, 2, 3])
array([0.        ,  0.84147098,  0.90929743,  0.14112001])
>>> [math.sin(x) for x in [0, 1, 2, 3]]
[0.0, 0.8414709848078965, 0.9092974268256817, 0.1411200080598672]
>>>
```

sin() だけだと, どちらの関数なのか, ファイル先頭の from module 行を見るまでわからない. しかし, モジュール名がついていれば間違うことはない.

### 7.2.2 as

as を使うと, モジュール名や関数名を改名して使うことができる. この改名が通用するのはファイル ".py" の内部に限る.

```
>>> from math import sin as ms # math.sin を ms と呼ぶ.
>>> from numpy import sin as ns # numpy.sin を ns と呼ぶ.
>>> ms(4) == ns([1, 2, 3, 4])[-1]
True
>>> import math as 数学関数  # 日本語の名前もつく.
>>> 数学関数.cos(数学関数.pi)  # 実行もできる.
-1.0
```

## 7.3 自作プログラムをインポートする

「ライブラリ」を意識しなくても, きちんとした名前で import が探せる場所にセーブしたファイルはライブラリとしてインポートできる. 「きちんとした名前」は英文字はじまりで, 拡張子 ".py" を持つファイル. import が探せる場所は sys.path で確認できる.

7.3 自作プログラムをインポートする　　*81*

次は Windows で `sys.path` を確認した様子. 各行がページ幅に収まるよう,
フォルダ名の途中を削除し, 削除した部分を '`...`' で示した.

```
>>> import sys
>>> sys.path
['',
'C:\\Program Files\\WindowsApps\\...\\python311.zip',
'C:\\Program Files\\WindowsApps\\...\\DLLs',
'C:\\Program Files\\WindowsApps\\...\\Lib',
'C:\\Program Files\\WindowsApps\\...x64__qbz5n2kfra8p0',
'C:\\Users\\user\\AppData\\Local\\...\\site-packages',
'C:\\Program Files\\WindowsApps\\...\\site-packages']
```

- 一番上の '' は Python インタプリタを実行したフォルダを表す.
- その下の 4 つは標準ライブラリの収まるフォルダ.
- その下の `C:\\Users` で始まるのはユーザ user が `pip` コマンド等でインストールした外部ライブラリが収まるフォルダ
- 一番下の `C:\\Program Files` で始まるフォルダは管理者がインストールした外部ライブラリが収まるフォルダ

`import` はモジュール名に "`.py`" をつけたファイルをこのリストの上のフォルダから順に探し, 最初に見つけたものをモジュールとして読み込む.

これにより, コマンド `python3` を実行したフォルダ (あるいは "`code .`" を実行したフォルダ) に作成したプログラムを sub.py としてセーブすれば, 同フォルダの現在作業中のファイル (main.py とする) から,

```
import sub
```

でファイル sub.py の内容を main.py に取り込むことができる.

```
# sub.py
def add1(n):
    return n + 1
```

```
# main.py
from sub import add1


def add2(n):
    return add1(add1(n))
```

82　第7章　ライブラリ

- ライブラリのインポートは import, from import を使い分ける.
- sys.path で表示されるフォルダのどこかにあるファイルは import によって検索され，見つかれば利用可能になる.
- sys.path 中にない外部ライブラリは pip コマンド等によって sys.path 中のいずれかのフォルダにダウンロードされた後，import できるようになる.

---

### ◆コラム 11　自分のプログラムをインポートできません！

自作ログラムがインポートできない場合，以下を確認してみよう.

- インポート先のファイルは Python のプログラムになってるか？
- インポート先のファイルのファイル名は Python の正しいファイル名になってるか？数字で始まる名前や，名前中に _ や * などのアルファベット以外の文字を使っていたらインポートできない.
- インポート先のファイルのファイル名に ".py" の拡張子がついてるか？
- インポート先のファイルは ".ipynb" 形式のファイルじゃないか？ ".ipynb" のファイルは単純な import じゃインポートできない.
- インポート先のファイルはインポート元のファイルと同じフォルダにあるか？別フォルダにセーブしたファイルのインポートは一つ工数が必要になる.

---

### ◆コラム 12　pip3 が古いって？

外部ライブラリをインストールしてくれる pip3 コマンド自体がバージョンアップすることもある. pip3 の実行中に，

```
[notice] A new release of pip is available: 23.3.1 -> 23.3.2
[notice] To update, run: python3.11 -m pip install --upgrade pip
```

のようなメッセージが表示されたら，To update, run: の右のコマンドをコピーし，ターミナルに貼り付け，アップデートを実行しよう.

```
> python3.11 -m pip install --upgrade pip
```

アップデートのコマンドは OS やインストールしている Python のバージョンによって違ってくる.

## 7.3 自作プログラムをインポートする　　83

### ◆コラム 13　外部ライブラリの削除

　闇雲に外部ライブラリをダウンロード・インストールすると，ライブラリ間で不都合を起こすことがまれにある．

　エラーを起こしたライブラリを特定できたら，それらを削除することで環境を元の状態に近づけることができる．matplotlib を削除するなら，

```
> python3 -m pip uninstall matplotlib
```

外部ライブラリを含まない状態まで一気に戻すには次の方法がある．

1. インストールした外部ライブラリ名を依存関係まで含めてファイル uninstall.txt に書き出し，

   ```
   > python3 -m pip freeze > uninstall.txt
   ```

2. 一気にライブラリを削除する．

   ```
   > python3 -m pip uninstall -y -r uninstall.txt
   ```

その後，必要なライブラリをインストールし直す．

# 再帰関数

　関数を関数自分自身の呼び出しを使って定義するという，頭のこんがらかりそうなのが再帰関数だ．

　教科書やネットで，再帰は特殊なプログラミングスタイルとして紹介されることが多々ある．しかし，真実は逆．再帰関数は読みやすく，自然で強力なプログラミング技法である．while/for ループでは書きにくい内容であっても，再帰でスマートに書けることは少なくない．再帰とは思えないところでも再帰が潜んでいるケースもある．「彼は彼女がリンゴを好きと言うのを聞いたと言っている．」のような普段使いの言葉や，$(1+2)*(3-4)$ などの数式は再帰的な構造を持つ例だ．

　再帰的なプログラムを書こうとする時の心構えは"作業の内容をコンピュータの語彙を使った手続きとして書き下す"のような従来のプログラミングとは少々異なるものになる．従来型とは別の角度からのアプローチと割り切った方が再帰を理解する近道かもしれない．

## 8.1 再帰的に考える

　整数 $n$ の階乗 $n!$ は次で定義される．

$$n! = \begin{cases} 1 & n=0 \text{ の時}; \\ n \times (n-1)! & \text{それ以外}. \end{cases}$$

　この定義を読んで，ループ好きのプログラマが Python コードにするとこうなる；

8.1 再帰的に考える　　85

```python
def fact_loop(n):
    ret = 1
    i = 1
    while i <= n:
        ret = ret * i
        i = i + 1
    return ret
```

　特徴は変数の利用とそれへの代入だ．それともちろん while ループ．元々
の定義にはなかった ret や i などの変数を導入し，それらの役目を定め，清く
正しく活躍させることがプログラマの腕の見せ所になる．変数 ret を不正な値
で初期化したり，i をループ中で更新し忘れたりすると，当たり前にこの関数
は正しい答えを返さない．

　一方，再帰的な関数は数学的定義をそのままコードに書き写したようなもの
になる[1]．

```python
def fact(n):
    if n == 0:
        return 1
    return n * fact(n - 1)
```

　計算結果を積み上げる変数やループの回数を数える変数が出て来ない．機械
的な手続きやループへの翻訳にあったプログラミングの重心が，問題の再帰的
な構造を見抜くことに移る．ループするのは Python．

---

[1] 逐語的な書き換えを重視するなら，else: を使った，

```python
def fact(n):
  if n == 0:
    return 1
  else:
    return n * fact(n - 1)
```

の方が適切かもしれない．プログラムとしては両者は同等である．Python の文法を
チェックする PyLint 機能拡張インストールしていると，次のような "else を削れ" の警
告が表示される．Unnecessary "else" after "return", remove the "else" and
de-indent the code inside it.（著者訳：return の後ろにいらない else がある
よ．else を削り，インデントを戻せ）

86 第8章 再帰関数

```
fact(3)  =  3 * fact(2)
         =  3 * 2 * fact(1)
         =  3 * 2 * 1 * fact(0)
         =  3 * 2 * 1 * 1
         =  6
```

fact(3) は fact(2) に 3 を掛けたものに等しく，fact(2) は fact(1) に 2 を掛けたものに等しく，fact(1) は fact(0) に 1 を掛けたものに等しいと続く．fact(0) で 1 が得られたら，そこから再帰が戻り，保留していた 1*fact(0) が 1 になり，さらに保留していた 2* が 1*1 の戻り値を得て 2 になり，最後に 3* が 2 を得て，fact(3) の戻り値 6 となる．

再帰的な関数を定義するには次の二つを頭に入れておくとよい．

> 1. 自分自身を呼び出さずに済むケースはどんな時か？その時の戻り値は何か？（数学的帰納法の**基底**に相当する）
> 2. 問題の規模が一つ小さくなった場合との関係は？（数学的帰納法の**帰納**に相当する）

問題の規模が小さくなるとは，整数であれば一つ小さい整数，リストであれば一つ短いリスト，文字列であれば一文字短い文字列など．文書の複文と単文などもこの大小関係の範疇に入る．

簡単な例で関数の再帰定義の練習をしてみよう．プログラム下の **1**, **2** は上の囲みの **1**, **2** に対応する．

len_recur(xs)

まずは組込み関数 len() の再帰版．関数名は len_recur，引数はリスト xs とする[2]．

```
def len_recur(xs):
    if xs == []:
        return 0
    return 1 + len_recur(xs[1:])
```

---

[2] ここで定義する len_recur() はリストの長さしか求められない．組込み関数の len() は他に文字列や range オブジェクトなどの長さも求めることができる．そのような汎用性を考えることは再帰とは別のトピック．

1. xs==[] であれば xs の長さはゼロ. 再帰の必要はなく, 即座に 0 を返せ
   ばよい.
2. そうでない時, xs の長さは, xs の先頭を削った xs[1:] の長さに 1 を足し
   たものに等しい. xs と xs よりもひとつ短い xs[1:] とを len_recur()
   で比較した時の関係は,

$$\text{len\_recur(xs)} = 1 + \text{len\_recur(xs[1:])}$$

関数 len_recur() が if でリターンしない時, xs が [] でないために xs[1:]
がエラーにならないことにも注意しよう.

sum_recur()

同様にして, リスト xs の和を求める sum_recur(xs) は,

```python
def sum_recur(xs):
    if xs == []:
        return 0
    return xs[0] + sum_recur(xs[1:])
```

1. xs==[] であれば xs の和はゼロ. 即座に 0 を返せばよい.
2. そうでない時, xs の和は, xs の先頭要素 xs[0] の値に, xs の先頭要
   素を外した xs[1:] の和を足したものに等しい.

$$\text{sum\_recur(xs)} = \text{xs[0]} + \text{sum\_recur(xs[1:])}$$

digits(n)

整数 n の桁数を返す digits(n), n < 0 の時に digits(-n) で再帰するお
まけつき.

```python
def digits(n):
    if n < 0:
        return digits(-n)
    if n < 10:
        return 1
    return 1 + digits(n // 10)
```

n < 0 ならばマイナスをかけて正にした値でやり直し. 上手い!

**88** 第 8 章 再帰関数

1. n < 10 であれば n は一桁の正数. 再帰の必要はなく, 即座に 1 を返せばよい.

2. そうでない時, n の桁数は, n よりも桁数がひとつ小さい n//10 の桁数に 1 を足したものに等しい.

$$\text{digits}(n) = 1 + \text{digits}(n/10)$$

問題の規模が小さくなるとは n の桁が小さくなることなので, n-1 や xs[1:] ではなく, 右辺は n/10 となっている. Python の / は小数演算をするので, プログラムは整数演算の // を使った.

count(c,s)

　文字 c が文字列 s 中に何回現れるかを数える count(c,s).

　文字 c1 と c2 が同じ文字であれば 1, 違えば 0 を返す補助関数 one(c1,c2) を作ると count(c,s) はスッキリする.

```
def one(c1, c2):
    if c1 == c2:
        return 1
    return 0

def count(c, s):
    if s == ""
        return 0
    return one(c, s[0]) + count(c, s[1:])
```

1. 文字列 "" には文字 c が入る余地はない. 即座に 0 を返せばよい.

2. そうでない時, c と s の先頭要素の一致を見る補助関数 one(c,s[0]) の戻り値に, 文字列 s の先頭要素を外した文字列 s[1:] 中に含まれる c の数を足したものが答え.

## 8.2 末尾再帰関数

　末尾再帰関数とは, 再帰で呼び出される関数の戻り値が即座に関数の戻り値となる関数. 例えば, 前章で紹介した len_recur() は, return に len_recur() の戻り値を待つ 1+ があるため, 末尾再帰ではない. sum_recur(), digits(), count() も同様.

非末尾再帰関数はちょっとの工夫で末尾再帰型の関数に書き換えることができる. 再帰関数を末尾再帰化すると, メモリ消費を削減し, 関数の実行速度を向上する余地が生まれる. 単純な再帰ではコンピュータが停止してしまうような長い再帰も実行可能になる場合もある. 末尾呼び出しによる最適化 TCO (Tail Call Optimization) という.

残念ながら Python は TCO が機能しない言語であり, 末尾再帰に書き換えた関数でも連続的な再帰呼び出しは 1000 回程度でエラー終了してしまう.

しかし, 関数定義を末尾再帰型に書き換えたコードは, そうでない再帰定義よりもすんなり頭に入るという受講生が毎年一定以上いる. 意外な好結果なので, 再帰関数を末尾再帰関数に書き換える方法をひとつ紹介する.

1. 再帰関数を基底値 (前章の囲み 1) を引数に加えた補助関数の呼び出しに代える.

2. 補助関数で再帰する. 再帰に応じて親関数から渡された基底値に変更を加える.

この方法で前出の再帰関数 len_recur() を末尾再帰型の len_tco() に書き換えてみよう.

```python
def len_tco_aux(xs, ret):
    if xs == []:
        return ret
    return len_tco_aux(xs[1:], 1 + ret)

def len_tco(xs):
    return len_tco_aux(xs, 0).
```

1. 引数 xs が [] の時, 長さは 0 となる. この 0 を引数に加えた補助関数 len_tco_aux(xs, ret) を定義し, 呼び出す.

2. 呼び出された len_tco_aux(xs, ret) は再帰のたびに xs を短く, ret の値を 1 増やす.

3. xs が [] まで短くなった時, ret には元の xs の長さがある. ret を戻り値として関数呼び出しを終了する.

len_tco() から呼ばれて実質的な作業をする補助関数 len_tco_aux() は末尾再帰になっている.

## 90    第8章    再帰関数

TCOが有効な言語であれば[3]，len_tco()は長大な文字列であってもその長さをメモリの浪費なく素早く求めることができる．

sum_recur(xs)，digits(n)，count(c, s)を末尾再帰型に書き換えてみよう．

```python
def sum_tco_aux(xs, ret):
    if xs == []:
        return ret
    return sum_tco_aux(xs[1:], xs[0] + ret)

def sum_tco(xs):
    return sum_tco_aux(xs, 0)

def digits_tco_aux(n, ret):
    if n < 10:
        return ret
    return digits_tco_aux(n // 10, 1 + ret)

def digits_tco(n):
    return digits_tco_aux(n, 0)

def count_aux(c, s, ret)
    if s == "":
        return ret
    if s[0] == c:
        return count_aux(c, s[1:], ret + 1)
    return count_aux(c, s[1:], ret)

def count_tco(c, s)
    return count_aux(c, s, 0)
```

いずれも末尾再帰型への書き換えは単純な機械的作業であった．出来上がった関数は性質の良い再帰関数となっている．

---

[3] 例えばSchemeや一部のJavaScript.

## 8.3 再帰を味わう

以下で紹介する三例はいずれも今も現役のアルゴリズムである．再帰なしでもプログラム可能だが，やはり自然なのは再帰だろう．どんな箇所に再帰が使われているか，じっくり味わおう．

### 8.3.1 例：ユークリッド互除法

ユークリッドの互除法は 2,000 年を越える歴史を持っている．短くて丸暗記には好適だが，暗記よりも互除法が意味することの理解が重要．互除法の基本的アイデアは再帰だ．

互除法のアイデアとは，$a, b$ を $a > b$ な自然数として，

> $a$ と $b$ の最大公約数は，$b$ と $a - b$ の最大公約数に等しい．

という数学的事実である．$a$ と $b$ に関わる関係をそれより小さい $b$ と $a - b$ に還元する．$b = 0$ の時，最大公約数は $a$．

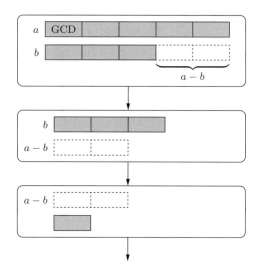

**図 8.1** 整数 $a, b$ の最大公約数が GCD であるならば，$a$ の中にも $b$ の中にも，そして $a - b$ 中にも GCD はピッタリ整数個入っている．個数は違う．$a$ と $b$ との関係（上）を $a - b$ と $b$ との関係に置き換えること（下）を再帰的に続けると，いつか，$b = 0$ になる．その時の $a$ に相当するものがオリジナルの整数 $a, b$ の GCD．

$a > b$ を前提とするコードは以下. 再帰の途中で $a - b < 0$ となるとアルゴリズムが機能しないので, 関数 gcd_euclid() 中で引数の a,b を並べ直しているが, それ以外, 上に述べたアイデアの逐語的な書き写しになっている.

```python
def gcd_aux(a, b):
    if b == 0:
        return a
    return gcd_euclid(b, a - b)

def gcd_euclid(a, b):
    if a > b:
        return gcd_aux(a, b)
    return gcd_aux(b, a)
```

モジューロ演算 (%) を使うと, a, b の並べ替えの必要がなくなり (a < b の時, Python は a,b = b,a%b のコードによって, a には b, b には a%b, つまり a が代入される. その結果, a, b が入れかわる), 補助関数を定義する必要がなくなる.

```python
def gcd_euclid_improved(a, b):
    if b == 0:
        return a
    return gcd_euclid_improved(b, a % b)
```

### 8.3.2 例：二分検索法

検索エリアを半分に狭めつつ解を求める二分検索法も再帰的な考えに立つ. いろんな場面に応用できる高速な検索アルゴリズムだ.

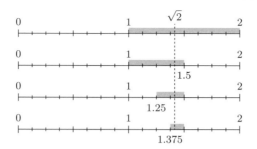

**図 8.2** $\sqrt{2}$ を範囲 $[0,2]$ に探す．$[0,2]$ の中点 $1^2 < 2$ であり検索範囲を $[1,2]$ に絞る．$[1,2]$ の中点 $1.5^2 > 2$ なので検索範囲を $[1,1.5]$ に絞る．$[1,1.5]$ の中点 $1.25^2 < 2$ なので検索範囲を $[1.25,1.5]$ に絞る．．．．を再帰的に繰り返し，検索範囲が希望の範囲より狭くなったら，範囲の中点を解とする．

```
def binary_search(f, goal, thres, small, large):
    """
    f(x) = goal となる x を small < x < large の範囲に探す．
    large - small < thres となったら，
    small と large の中点を解とし,戻り値とする．
    """
    mid = (small + large) / 2
    if large - small < thres:
        return mid
    val = f(mid)
    if val == goal:
        return val
    if val < goal:
        return binary_search(f, goal, thres, mid, large)
    return binary_search(f, goal, thres, small, mid)
```

関数定義中の高階関数，無名関数は 9 章で説明する．

$\sqrt{2}$ の近似値を $[0,2]$ の範囲から $0.0000001$ の精度で求めるには binary_search() を次のように呼び出す．

```
binary_search(lambda x:   x**2, 2, 0.0000001, 0, 2)
```

実行結果のプリントは $1.4142135679721832$ であった．

前出（4.2.1 項）の逐次検索の方法だと，$\sqrt{2}$ の近似値 $1.41421356$ を得るた

94    第8章 再帰関数

めに，141,421,356 回のループが必要であったが，二分法では同程度の近似値を得るのに 26 回のループしかかかっていない．高速化は 500 万倍以上だ．

ただし，二分検索は検索する関数が検索区間で単調増加，あるいは単調減少であること，検索するデータが昇順あるいは降順に並んでいることが前提になる．

データの並べ替えを再帰でおこなうクイックソートを次で見てみよう．

### 8.3.3 例：クイックソート

クイックソートは 1970 年代に開発された比較的新しいアルゴリズムだ．

並べ替えようとするリストを，リスト中の任意の要素（ピボットと呼ばれる）と比較し，小，中，大の 3 つのリストに分ける．ピボットの選び方はここではリストの先頭とするが，リスト中の要素であればそれ以外でよい．

- ピボットよりも小さい要素を選んだリスト smaller．リスト smaller 中の並びは問わない．
- ピボットと同じ大きさの要素を選んだリスト even．リスト even 中の要素はすべて同じ大きさ．
- ピボットよりも大きな要素を選んだリスト larger．リスト larger 中の並びは問わない．

オリジナルのリストの要素は必ず上の 3 つのどれかのリストに分類される．この分類を再帰的に繰り返す．

$$\text{smaller} < \text{even} < \text{larger}$$

smaller からピボット要素を選び，さらに 3 つのリスト Ss,Se,Sl に分ける．larger も同様に Ls,Le,Ll に分ける．分類前のグループをわかりやすくするよう，() をつけた．

$$(\text{Ss} < \text{Se} < \text{Sl}) < \text{even} < (\text{Ls} < \text{Le} < \text{Ll})$$

さらに，Ss,Sl,Ls,Ll について，同様の操作をサブリストが [] になるまで再帰的に続ける (図 8.3)．

こうして得られたサブリストを繋ぐと並べ替えが出来上がる．

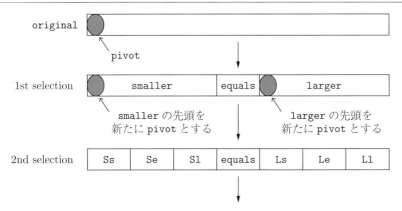

**図 8.3** リスト original を並べ替える．ピボットを選び，ピボットより小さい要素を smaller，大きさが等しい要素を equals，ピボットより大きい要素を larger にまとめる．次に，smaller,larger からそれぞれピボットを選び，再帰的に smaller,larger をサブリスト Ss, Se, Sl および，Ls, Le, Ll に分ける．

```
def smaller(pivot, xs):
    """
    リスト xs の要素のうち pivot より小さいもののリストを返す．
    """
    return [x for x in xs if x < pivot]


def equals(pivot, xs):
    """
    リスト xs の要素のうち pivot と等しいもののリストを返す．
    """
    return [x for x in xs if x == pivot]


def larger(pivot, xs):
    """
    リスト xs の要素のうち pivot より大きいもののリストを返す．
    """
    return [x for x in xs if x > pivot]
```

```
def qsort(xs):
    if xs == []:
        return []
    return qsort(smaller(xs[0], xs)) + equals(xs[0], xs) +
    qsort(larger(xs[0], xs))
```

　smaller(), equals(), そして larger() はいずれもシンプルな関数で，
再帰する qsort() も理解は容易だろう．

## 再帰関数は...

- 再帰関数は難しくない．
- 再帰でなければ書けない関数はない．
- 再帰で書くと読みやすく，わかりやすいことが多い．
- 再帰はプログラミングや考え方の引き出しを増やす．
- Python には再帰の深さにデフォルトで 1000 回程度の制限がある．
- 再帰関数を末尾再帰化すると高速化や再帰深さの制限がなくなる場合も
  ある．
- 末尾再帰がわかりやすい人は末尾再帰型で．Python は TCO しない
  けど．

# 9

# 高階関数・無名関数

　一般の関数と高階関数との違いは，高階関数は整数やリストなどのデータの他に，

- 関数を引数に取る，
- 関数を戻り値とする．

ということにある．この機能は強力で，使いこなせるとプログラミングの幅が一気に広がる．

## 9.1　map, filter

　代表的な高階関数は map と filter だ．いずれもループの手続きを抽象化するものと考えることができる．

　従来型のループは，

- ループに入る前の初期化をどうやり，
- ループの回数をカウントする変数の名前はなんにするか，
- ループを繰り返す条件・脱出する条件はなんで，
- ループの結果をどんな変数に格納するか，

などに注意しつつプログラミングを進める必要があり，それぞれがバグの入り込む余地となる．変数の初期化を忘れた，ループを一つ余計に回ってしまった，などだ．map,filter を使うとコードがシンプルになり，間違いにくくなる．

## 98　第9章　高階関数・無名関数

### 9.1.1　map(f, xs)

　関数 map(f,xs) は関数 f() をリスト xs の要素 x0,x1,...のひとつずつに
適用した結果のリスト [f(x0), f(x1), ...] を返す. 返るのは map オブジェ
クト. range() の戻り値と同じく list() で囲むと実体化し, リストとして
扱えるデータになる. list(map(f, xs)) の動作ははリスト内包表記 [f(x)
for x in xs] の動作とほぼ同じ.

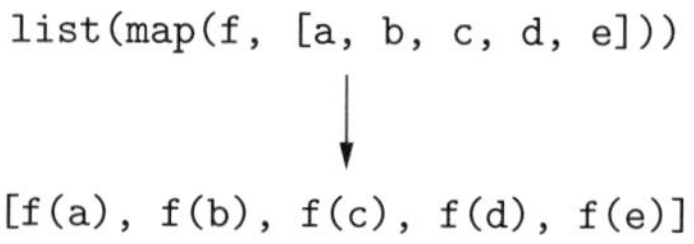

$$
\begin{array}{c}
\texttt{list(map(f, [a, b, c, d, e]))}\\
\downarrow\\
\texttt{[f(a), f(b), f(c), f(d), f(e)]}
\end{array}
$$

**図 9.1**　map は関数 f をリストの各要素に適用した結果のリストを返す.

　リストの要素のそれぞれに 1 を加えたリストを返す関数を for ループ, リス
ト内包表記, 高階関数 map で書いて比較してみよう.

```python
def add1(n):
    return n + 1

def add1_using_for(xs):
    ret = []
    for x in xs:
        ret.append(add1(x))
    return ret

def add1_comprehension(xs):
    return [add1(x) for x in xs]

def add1_map(xs):
    return map(add1, xs)

>>> xs = range(10)
>>> print(add1_using_for(xs))
[1, 2, 3, 4, 5, 6, 7, 8, 9, 10]
>>> print([add1(n) for n in xs])
[1, 2, 3, 4, 5, 6, 7, 8, 9, 10]
>>> print(list(map(add1, xs)))
[1, 2, 3, 4, 5, 6, 7, 8, 9, 10]
```

9.1 map, filter 99

関数 add1() の定義は 9.3 節の無名関数で置き換えることができる.

**問 9.1** map() を使い,以下のリストを作れ.

1. リスト [-4, 7, 6, -1, 3] の要素をすべて絶対値にしたリスト.

2. リスト [-4, 7, 6, -1, 3] の要素をすべて浮動小数点数に変換したリスト.

3. リスト ["I", "love", "you", "so", "much"] に含まれる文字列をすべてその長さで置き換えたリスト.

---

**◆コラム 14　map オブジェクトが書き換わる?**

map オブジェクトはプログラムで必要になる時までリストの実体化を遅らせることができるので,「大きなデータを扱うときはメモリの有効利用につながる」と言われる.しかし,Python の map オブジェクトの再利用には慎重さが必要のようだ.

```
>>> mo = map(lambda x: x+1, range(10))
>>> mo            # map オブジェクトが返る.
<map object at 0x100545a80>
>>> list(mo)      # list() でリスト化する.
[1, 2, 3, 4, 5, 6, 7, 8, 9, 10]
>>> list(mo)      # もう一度やろうとすると戻りは [].
[]
>>> mo2 = map(lambda x: x+1, range(3))
>>> for x in mo2:  # マップオブジェクトでループ.
...   print(x)     # プリントできる.
...
1
2
3
>>> for x in mo2:    # 直後にもう一度はプリントしない.
...   print(x)
...
>>>
```

- map() の戻り値を list すると期待するリストが得られる.しかし,直後に,もう一度同じことをやると今度は空リストになる.

- map() の戻り値を for でループし,要素をプリントできる.しかし,もう

*100* 第 9 章 高階関数・無名関数

---

一度同じことをやろうとしても，何もプリントされない．

map オブジェクトは副作用を持つ．filter オブジェクトも同様．

---

### 9.1.2 filter(p, xs)

関数 filter(p,xs) は関数 p() をリスト xs の要素 x0,x1,...のひとつず
つに適用し，その結果が True となる要素だけを残したリストを返す．戻り値は
フィルターオブジェクト といい，range() の戻り値と同じく list() で囲むと
実体化し，リストとして扱えるデータになる[1]．list(filter(p, xs)) はリ
スト内包表記で書いた [x for x in xs if p(x)] とほぼ同じ動作をする．

$$\text{list(filter(p, [ a , b , c , d ]))}$$

$$\downarrow$$

$$[p(a), p(b), p(c), p(d)]$$

$$\downarrow$$

$$[\quad\quad b , c \quad\quad]$$

**図 9.2** filter はリストの各要素に関数 p を適用した結果が True になるものだけを
選んだリストを返す．図は p(a)=p(d)=False, p(b)=p(c)=True を仮定した．こ
の場合，戻り値は [b,c] になる．

従来式の while ループで書いた「リストから偶数だけを抜き出したリストを
戻す関数」を filter で書き換えてみよう．比較のため，リスト内包表示で書
いた関数 evens_comprehension() も併記した．

```python
def is_even(n):
    return n % 2 == 0

def evens_while(xs):
    ret = []
    i = 0
    while i < len(xs):
        if is_even(xs[i]):
            ret.append(xs[i])
            i += 1
    return ret
```

---

[1] 引数の関数名を f ではなく p にしているのは，関数が True/False を返す述語 (predicate)
であることの暗示.

9.1 map, filter   *101*

```python
def evens_comprehension(xs):
    return [x for x in xs if is_even(x)]

def evens_filter(xs):
    return filter(is_even, xs)

xs = range(10)
print(evens_while(xs))
[0, 2, 4, 6, 8]
print(evens_comprehension(xs))
[0, 2, 4, 6, 8]
print(list(evens_filter(xs)))
[0, 2, 4, 6, 8]
```

while で書いた 7 行が filter で 1 行になった.

行の短さもあるが, プログラムの理解のしやすさはどうだろう？ while で
ループする関数は, 変数や代入がなんのためか, どんなタイミングでどんな初
期値がどんな値に変わるか, リストの最初の要素は 0 番目で, 最後の要素はリ
ストの長さ -1 番目であることなど, 注意深くコードを 1 行ずつ読む繊細な精
神活動がプログラミングに求められる.

実は関数 evens_while() はインデントが一箇所間違っている. それを見つけ
て直さない限り, プログラムは無限ループ, 偶数リストが返されることはな
い[2]. 文法的には正しいので Black Formatter や Flake8 を使っていてもこ
の種のミスは防げない.

一方の関数 evens_filter() は読んだまま「xs の要素を is_even でフィル
タしたリスト」. どっちが簡単かは一目瞭然.

> **問 9.2** filter() を使い, 以下のリストを作れ.
>   1. リスト [1, -10, -4, -5, -8, -3, -2] から奇数だけを抜き出し
>      たリスト.
>   2. リスト [1, -10, -4, -5, -8, -3, -2] から正数だけを抜き出し
>      たリスト. 補助関数 is_positive() を定義するとよい.

---

[2] 関数 evens_while() の定義中, i+=1 のインデントがひとつ深すぎる.

*102* 第 9 章 高階関数・無名関数

## 9.2 高階関数をプログラムする

map や filter のような高階関数を自作するのも Python では簡単だ. 高階
関数の定義や呼び出しは通常の関数の定義や呼び出しと特別な違いはない.

### 9.2.1 利用例: 被積分関数を引数にとる

関数 $y = x^2$ を $[a,b]$ の範囲で数値積分するコードは下図左のように書け
る. 同じく, 関数 $y = \sin(x)$ を $[a,b]$ の範囲で数値積分するコードは下図右.

```python
# x^2 を範囲 [a,b] で積分
def integrate_x2(a, b):
    dx = (b - a) / 1000
    x = a
    s = 0.0
    while x < b:
        s += x**2 * dx
        x += dx
    return s

print(integrate_x2(0,1))
```

```python
from math import sin
def integrate_sin(a, b):
    dx = (b - a) / 1000
    x = a
    s = 0.0
    while x < b:
        s += sin(x) * dx
        x += dx
    return s

print(integrate_sin(0, 1))
```

二つの関数 integrate_x2() と integrate_sin() は s+= の右辺が違うだ
けで, 他は全く同じ. $x^2$ や $\sin(x)$ 以外の関数を積分するにも重複する定義を
繰り返すのは気が遠くなる.

このような場合, 被積分関数を引数とする高階関数で一般化するとよい.

```python
from numpy import arange

def integrate(f, a, b):
    dx = (b - a) / 1000
    return sum(map(f, arange(a, b, dx))) * dx
```

関数 integrate() を使った数値積分は次のようになる.

```python
>>> print(integrate(lambda x: x**2, 0, 1))
0.33283349999999995
>>> from math import sin, pi
```

```
>>> print(integrate(sin, 0, pi))
1.9999983550656624
```

任意の関数 $f$ を任意の区間 $[a, b]$ で数値積分できる関数 integrate(f,a,b) が手に入った..

この次のトピックである「無名関数」をフライングで使ってしまったが，高階関数と無名関数の相性はバツグンだ．

**問 9.3** 矩形の左値に代えて中央値で矩形面積を計算すると，多くの場合，数値積分の精度が向上する．やってみよ．

### 9.2.2 利用例: 双方向並べ替えバブルソート $+\alpha$

リスト xs を昇順，あるいは降順に並べ替える関数が欲しいとする．

```
def bubble_up(xs, comp):
    for i in range(len(xs)):
        for j in range(i, len(xs)):
            if xs[i] < xs[j]:
                xs[i], xs[j] = xs[j], xs[i]
    return xs

def bubble_down(xs, comp):
    for i in range(len(xs)):
        for j in range(i, len(xs)):
            if xs[i] > xs[j]:
                xs[i], xs[j] = xs[j], xs[i]
    return xs
```

ソーティングの方向を決めているのは if xs[i] < xs[j]: の行．比較演算子 '<' を '>' に変えただけの bubble_up(), bubble_down() を二つ定義するのはいかにもダサい．

ソートすべきリスト xs に加え，リスト xs の要素を比較する関数 comp() を引数に加えた高階関数 bubble_f() としてバージョンアップしよう[3].

---

[3] 関数 lt(x,y), gt(x,y) は次章の無名関数で置き換えられる．

第 9 章　高階関数・無名関数

```python
def lt(x, y):
    return x < y

def gt(x, y):
    return x > y

def bubble_f(xs, comp):
    for i in range(len(xs)):
        for j in range(i, len(xs)):
            if comp(xs[i], xs[j]):
                xs[i], xs[j] = xs[j], xs[i]
    return xs

n = 10
unsorted = [randrange(100) for _ in range(n)]
print(bubble_f(unsorted, lt))
print(bubble_f(unsorted, gt))
```

比較関数を引数で与えられるという柔軟性は昇順・降順の並べ替えが簡単にできることにとどまらない.

```python
persons = [
    {'name': '秋山', 'daily': 53, 'mid': 68, 'end': 4},
    {'name': '東郷', 'daily': 11, 'mid': 77, 'end': 19},
    {'name': '明石', 'daily': 22, 'mid': 55, 'end': 19},
    {'name': '児玉', 'daily': 92, 'mid': 73, 'end': 51},
    {'name': '立見', 'daily': 94, 'mid': 77, 'end': 34},
    {'name': '乃木', 'daily': 96, 'mid': 13, 'end': 89}]

def by_daily(a, b):
    """
    a["daily"] と b["daily"] を使って a, b を比較する.
    """
    return a["daily"] > b["daily"]

def by_end(a, b):
    """
    a["end"] と b["end] を使って a, b を比較する.
    """
```

## 9.2 高階関数をプログラムする　　*105*

```
        return a["end"] > b["end"]

# リスト persons を平常点の順に並べ替える.
print(bubble_f(persons, by_daily))
[{'name': '東郷', 'daily': 11, 'mid': 77, 'end': 19},
 {'name': '明石', 'daily': 22, 'mid': 55, 'end': 19},
 {'name': '秋山', 'daily': 53, 'mid': 68, 'end': 4},
 {'name': '児玉', 'daily': 92, 'mid': 73, 'end': 51},
 {'name': '立見', 'daily': 94, 'mid': 77, 'end': 34},
 {'name': '乃木', 'daily': 96, 'mid': 13, 'end': 89}]

# リスト persons を期末点の順に並べ替える.
print(bubble_f(persons, by_end))
[{'name': '秋山', 'daily': 53, 'mid': 68, 'end': 4},
 {'name': '明石', 'daily': 22, 'mid': 55, 'end': 19},
 {'name': '東郷', 'daily': 11, 'mid': 77, 'end': 19},
 {'name': '立見', 'daily': 94, 'mid': 77, 'end': 34},
 {'name': '児玉', 'daily': 92, 'mid': 73, 'end': 51},
 {'name': '乃木', 'daily': 96, 'mid': 13, 'end': 89}]
```

　比較関数を並べ替え関数から分離させたことで，単純な大小ではない比較に基づく並べ替えが並べ替え関数に手をつけずにできるようになった.

### 問 9.4

1. persons を name の値で並べ替えなさい. 名前の前後を比較する関数 by_name(a, b) の定義が必要だろう.

2. persons を daily + mid + end の和の大きさ順に並べ替えなさい. by_sum(a, b) を定義するといいだろう.

3. by_name(a, b), by_daily(a, b) 等を一般化した by_what(a, b, what) を定義しなさい.

### 9.2.3　利用例: 関数の動作時間を測定する関数

　time ライブラリの time() 関数は現在時刻を 1970 年 1 月 1 日からの通算秒数を浮動小数点数で返す. 関数の実行文の前後をこの time() で囲んで差をと

*106*    第 9 章　高階関数・無名関数

れば関数の実行にかかった時間を得ることができる[4].

```
>>> from time import time, sleep
>>> print(time())
1705814907.7561228
>>> sleep(10)
>>> print(time())
1705814920.6381838
```

### (a)　普通に関数でプログラムできないの？

計測の度に関数の前後を `print(time())` で囲むのはめんどくさい．関数の実行時間を計測する関数をプログラムできたら便利だ．しかし，次のプログラムは正しい実行時間を返さない．

```
from time import time
from py99 import divisors

def timing_ng(exp):
    now = time()
    print(exp)
    timing = time() - now
    print("Elapsed time:", timing)
    return exp

n = 2**15 - 1
timing_ng(divisors(n))
# [1, 7, 31, 151, 217, 1057, 4681, 32767]
# Elapsed time: 1.1920928955078125e-05
```

Python の関数は引数の値をすべて求めてから，関数のボディの評価に進む．関数 divisors(n) の実行時間を計測するはずだった関数 timing_ng(divisors(n)) の実行は，

---

[4] 現在のコンピュータは一度に複数のプログラムを実行できる．実行時間を測定すべき関数の実行中に別のプログラムが走ってしまうと，絶対時刻の差は関数の実行時間としては不正確な値になる．ここでは関数の実行時間は関数がスタートする前の時刻と関数が終了した時刻との差とするのが分かりやすいので time.time() を使ったが，キレイ好きは代わりに **time.perf_count()** を使うとよい．もっと正確好きな人は，一回ポッキリの実行時間ではなく，数回の実行時間の平均を取るといい．

1. nの値を求め（上の例では $2^{15} - 1$），
2. divisors(n) を求め，戻り値 [1, 7, 31, 151, 217, 1057, 4681, 32767] を得る．
3. その値を関数 timing_ng( ) の引数 exp に結びつけ，
4. 時刻を now に記録．
5. exp の値をプリント．
6. time()-now の値をプリント

のように進む．目論見とは反し，関数のボディの評価に入る前，2 で関数 divisors(n) を求めてしまう．ここの計算にかかった時間が計測したい時間なのだが，4 で now に代入されるのは divisors(n) の評価が終わった後の時刻．6 でプリントするのは print(exp) の実行に要した時間になる．

### (b) 関数名と引数を分離して渡す

問題は，被計測関数を f(x) の形で計測関数に渡してしまい，f(x) の評価が時刻の計測開始よりも先になることなので，被計測関数 f と引数 x を別々に計測関数に渡すようにする．

複数の引数をとる被計測関数 f に対応するため，引数をまとめて渡せる *args を使い（3.7.2 項），time.time() よりもより正確に関数の実行時間を計測できるとされる time.perf_conter_ns() および，小数点数を小数点第一位までに四捨五入する Py99 関数 f_to_f1() を利用した．

$2^{15} - 1$ の素因数のリストを求めるに要した時間は 1.3ms と計測できた．

```python
from time import perf_counter_ns
from py99 import f_to_f1, divisors

def timing(f, *args):
    now = perf_counter_ns()
    ret = f(*args)
    timing = perf_counter_ns() - now
    print(ret)
    print("Elapsed time:", f_to_f1(timing / 10**6), "ms")
    return ret

n = 2**15 - 1
timing(divisors, n)
```

108 第 9 章 高階関数・無名関数

```
# [1, 7, 31, 151, 217, 1057, 4681, 32767]
# Elapsed time: 1.3ms
```

**問 9.5** 被計測関数の名前を計測時間とともに表示するよう，関数 timing() を改良しなさい．

## 9.3 無名関数

高階関数は便利だが，引数リストに適用する関数を定義する手間がかかる．

例えば，range(10) の各要素を二倍したリストを得たい時に，map() に渡す関数 doubles() を前もって定義することが面倒になる．

```
def doubles(x):
    return x*2

x2 = list(map(doubles, range(10)))
```

もっと面倒くさがりなら，他に使い道のない一度利用するだけの関数に名前をつけるのが面倒と思うこともあるだろう．

名前付けはプログラミングの初心者が考えるより少し慎重に行うべきでもある．Python ではファイルの上の方で定義した関数と同名の別関数を同ファイルの下方で定義してもエラーにならない[5]．うっかり定義済み関数を上書きしてしまうとバグにつながる．

```
def same_name(n):
    return n + 1

# 同じ名前で上書き
def same_name(n):
    return n - 1

# 呼び出されるのは下の方
print(same_name(100))
99
```

---

[5] Flake8 や Ruff は警告してくれる．

9.3 無名関数 *109*

lambda は名前のない関数を定義する．定義された関数を無名関数，または予約語 lambda を使って定義することから，ラムダ関数と呼ぶ．名前がないので他の関数定義とバッティングすることがない．

引数を一つ取り，その引数に 1 を加えて戻り値にする無名関数は以下のように定義する．

```
lambda x:  x + 1
```

引数二つの無名関数も同様に定義できる．次は二つの引数の和を返す無名関数．

```
lambda x,y:  x + y
```

名前がなく return がなくても，関数呼び出しの場所にあり，必要な引数を与えれば，関数を実行し，戻り値を返す．無名関数を単独で呼び出すにはこうする；

```
(lambda x:  x + 1)(5)
```

最初の () は無名関数の範囲を示すためのカッコ，(5) のまわりの () は関数の引数を表すためのカッコ．上式を評価すると 6 が返る．

range(10) の各要素を 2 倍するコードは無名関数を使うと次のようになる．

```
map(lambda x:  x*2, range(10))
```

map や filter の内側で，その都度，無名関数をコーディングするのはめんどうなようだが，他の関数定義とのバッティングを心配することがないことは大きなメリットになる．適当な名前を考えるためにエネルギーを費やすこともなく，lambda 自身が関数の説明にもなる．また，呼び出しの場所に定義があるので呼び出しに関わるオーバーヘッドが少なく，結果的に実行の速度が（ほんの少し）向上する．

ただし，Python には，無名関数は 1 行で定義するという大きな制限がある．プログラムの構造をインデントで表す言語でありながら，無名関数の定義中ではインデントできない．

*110* 第9章 高階関数・無名関数

**問 9.6** 次の無名関数を定義しなさい.

**1.** 整数の2乗を返す無名関数

**2.** 引数を二つとり,その平均値を返す無名関数

## 9.4 関数を戻り値とする関数

Python の組み込み関数のひとつに,整数引数 x をとり,その2進数表現となる文字列を返す bin(x) がある.その関数 bin(x) を一般化し,任意の正整数 x を n 進数に変換したリストを返す高階関数を作ってみよう.ここでも lambda が活躍する.

```python
def to_base_aux(base, n, ret):
    """
    関数 to_base_n() を末尾再帰型にする補助関数.
    """
    if n == 0:
        return ret
    return to_base_aux(base, n // base, [n % base] + ret)

def to_base_n(base, n):
    if n == 0:
        return [0]
    return to_base_aux(base, n, [])

def to_base(base):
    """
    「引数 n をとって base 進数に変換する無名関数」を返す関数.
    """
    return lambda n: to_base_n(base, n)
```

関数 to_base(base) の戻り値は,引数 n を base 進数に変換する無名関数である.例えば,関数 to_base(2) の戻り値は,引数 n を2進数に変換する無名関数になる.整数 1023 を2進数,3進数,4進数,...のリストに変換しプリントする様子を示した.

9.4 関数を戻り値とする関数 *111*

```
>>> from to_base import to_base
>>> print(to_base(2)(1023))
[1, 1, 1, 1, 1, 1, 1, 1, 1, 1]
>>> print(to_base(3)(1023))
[1, 1, 0, 1, 2, 2, 0]
>>> print(to_base(4)(1023))
[3, 3, 3, 3, 3]
```

高階関数 to_base(16) の戻り値である無名関数に名前 base16 をつけると，base16 は他の関数と同じマナーで呼び出すことができる．

```
>>> base16 = to_base(16)
>>> print(base16(1000))
[3, 14, 8]
```

出力の [3,14,8] は，整数 1000 が 16 進数表記で 3，14，8 と表せることを示している．

$$1000 = 16^2 \times 3 + 16^1 \times 14 + 8$$

プログラムの実行時に呼び出した関数から新たな関数を産出し，その新たな関数を実行した．

# 10

# スピードアップ

　どんなプログラムがいいプログラムか？

　まず正しいプログラムであること．間違った答えを出すプログラムには価値がない．ほとんどのケースでは正しそうな答えを導き出しても，ある入力に対しては誤動作するプログラムであったら危なくて使えない．

　次に，わかりやすいプログラム．今や，プログラムは大きく，複雑になり，複数のプログラマが協力して一つのプログラムを開発する時代だ．自分ひとりがプログラムの内容を理解できれば十分ということはない．有用なプログラムであるほど，修正や改良は何年も続く．わかりにくいコードは作業を困難にする．

　この章のテーマの「スピードアップ」はそれらに比較すると，やや，ウェートが低くなる．ウェートが低いとは言っても，実行速度によって優劣が決まるものはたくさんある．金融，天気予報，研究開発，事務処理，ゲーム，．．．．こんな戯言もあるくらいだ「コンピュータ，速くなければただの箱」．

　どうすればプログラムは速くなるか？ハードウェアの力でプログラムの速度を二倍にするには二倍以上のコストをかける必要があると言われる．しかし，ソフトウェアの世界では，ちょっとした気づきで二倍はおろか，十倍や百倍のスピードアップが達成可能な場合もある．

　本章では Py99 の受講生回答を素材に，高速化の具体例をいくつか見てみる．実行時間の測定には 9.2.3 項で定義した関数 timing() を使う．

## 10.1 孫子の問題 (改)[1]

『孫子算経』という古代中国の本に登場する数の余りに関する問題の変形.
『孫子算経』には「ある数を3で割ると2余り,5で割ると3余り,7で割ると
2余るという.その数は何か」という問題が載っている.

> **例題 10.1** 31で割ると1余り,557で割ると2余り,7537で割ると3余
> る正の整数の最小のものはなにか?関数 sun_tzu() を定義しなさい.

次の受講生Aのコードはほとんど問題の直訳.答えは間違ってはいないが,
解を見つけるに581ミリ秒というコンピュータにとっては長い時間がかかって
いる.

```
from py99 import timing

def sun_tzu_slow():
    n = 0
    while True:
        if n % 31 == 1 and n % 557 == 2 and n % 7537 == 3:
            return n
        n += 1

print(timing(sun_tzu_slow))
# Elapsed time: 581.0 ms
# 22309523
```

次は,別の受講生Bの回答.題意を満たす整数の候補は3から7537飛びに
現れるという事実をプログラムに取り込んでいる.さらに,n%31よりもn%557
を左に置き,if が必要以上に深入りするのを抑制している.注意が行き届い
た回答だ.

```
from py99 import timing

def sun_tzu():
    n = 3
    while True:
```

---

[1] https://www.ndl.go.jp/math/s1/c2.html

114    第 10 章　スピードアップ

```
        if n % 557 == 2 and n % 31 == 1:
            return n
        n += 7537

print(timing(sun_tzu))
# Elapsed time: 0.1 ms
# 22309523
```

受講生 A の回答に比べ，5,000 倍以上の高速化を達成している．

## 10.2　約数のリスト divisors(n)

例題10.2　正整数 n を引数とし，その約数のリストを返す関数 divisors(n)
を定義しなさい．

まず，受講生 C の回答を見てみよう．

```
from py99 import timing

def divisors_C(n):
    ret = []
    for m in range(1, n + 1):
        if n % m == 0:
            ret += [m]
    return ret

n = 10**8 - 1
print(timing(divisors_C, n))
# Elapsed time: 2774.2 ms
# [1, 3, 9, 11, 33, 73, 99, 101, 137, 219, 303, 411, 657,
    803, 909, 1111, 1233, 1507, 2409, 3333, 4521, 7227, 7373,
     9999, 10001, 13563, 13837, 22119, 30003, 41511, 66357,
    81103, 90009, 110011, 124533, 152207, 243309, 330033,
    456621, 729927, 990099, 1010101, 1369863, 3030303,
    9090909, 11111111, 33333333, 99999999]
```

プログラムはほぼそのまま「引数の n を割り切る整数 x のリストが n の約数
のリスト」と読める．$10^8 - 1$ の約数の計算結果も正しい．しかし，

- n % m == 0 の時，同時に n % (n// m) == 0 が成り立つ．言い換えると，m が n の約数である時，n//m も同時に n の約数である．

という数学的事実を見逃している．

これをプログラムに反映したのが次に示す受講生 D の回答．n が 2 乗数であるときは m = $\sqrt{n}$ となる m が 2 つリストに入ってしまうので，片方を除外している．

n の約数リストを求めるに n 回必要だったループの回数は改良によって $\sqrt{n}$ 回で済む．n = $10^8 - 1$ とすると高速化は $10^4$ 倍程度と予測できる．

```python
from math import sqrt
from py99 import timing

def divisors(n):
    ret1 = []
    ret2 = []
    for i in range(1, int(sqrt(n)) + 1):
        if n % i == 0:
            ret1 += [i]
            ret2 = [n // i] + ret2
        if i**2 == n:
            ret2 = ret2[1:]
    return ret1 + ret2

n = 10**8 - 1
print(timing(divisors, n))
# Elapsed time: 0.3 ms
# [1, 3, 9, 11, 33, 73, 99, 101, 137, 219, 303, 411, 657,
    803, 909, 1111, 1233, 1507, 2409, 3333, 4521, 7227, 7373,
    9999, 10001, 13563, 13837, 22119, 30003, 41511, 66357,
    81103, 90009, 110011, 124533, 152207, 243309, 330033,
    456621, 729927, 990099, 1010101, 1369863, 3030303,
    9090909, 11111111, 33333333, 99999999]
```

実行時間の比較では $2774.2/0.3 = 9247.3$ となり，ほぼ予測通りのスピードアップとなった．n がもっと大きな数になると差はもっと広がる．

プログラムの行数は最初の素朴な divisors() よりも 2 倍の長さとなった（6 行対 10 行）が，行数の増加を埋め合わせるに十分な実行速度を得ることが

*116*    第 10 章　スピードアップ

できたと言えよう.

## 10.3　素数判定 is_prime(n)

> **例題 10.3**　正の整数 n を引数に取り, n が素数であれば True, そうでな
> ければ False を返す関数 is_prime(n) を定義せよ.

受講生 E, F, G の回答をまとめて引用する.

- 受講生 E: 「素数 n は 1 と n の二つだけを約数に持つ」を忠実にプログ
  ラムに訳した.
- 受講生 F: 定義済みの関数 divisors() を利用した.
- 受講生 G: アイデアは divisors() と同じだが, 素数でないことがわ
  かったら即座に False をリターンするようにした.

```python
from py99 import timing, divisors
from math import sqrt

# 受講生 E の回答
def is_prime_E(n):
    count = 0
    for i in range(1, n + 1):
        if n % i == 0:
            count += 1
    return count == 2

# 受講生 F の回答
def is_prime_F(n):
    return len(divisors(n)) == 2

# 受講生 G の回答
def is_prime_G(n):
    if n < 3:
        return n == 2
    if n % 2 == 0:
        return False
    return all(n % m != 0 for m in range(3, int(sqrt(n)) + 1,
        2))
```

受講生 G の回答中の all() はリストのような引数を一つとり，その要素が全て True であれば True を返す組み込み関数である．

各人の定義した関数で 1 〜 10000 までの素数の数を数える時間を測定，比較してみよう．

```
>>> from py99 import timing
>>> def count_primes(rng, f):
...     print(len([x for x in rng if f(x)]))
>>> rng = range(1, 10000)
>>> timing(lambda f: count_primes(rng, f), is_prime_E)
1229
Elapsed time: 1530.8 ms
>>> timing(lambda f: count_primes(rng, f), is_prime_F)
1229
Elapsed time: 22.0 ms
>>> timing(lambda f: count_primes(rng, f), is_prime_G)
1229
Elapsed time: 4.5 ms
```

三者の関数とも戻り値は 1229 で同じだが，計算時間には 300 倍の差がある．Py99 のオリジナル問題は「is_prime(67756520645329) の実行時間を回答の下にコメント文でつけよ」だった．受講生 E は日が暮れてもコメント文を書けなかっただろう．

## 10.4　maxen(xs)

例題 10.4　リスト xs 中の要素の最大値のリストを返す関数 maxen(xs)．最大値が複数ある場合にそれらをリストで返すこと．

行を短くしたら遅くなる例．

受講生 H の回答には他の受講生から「短くてスバラシイ」のようなコメントがたくさん来ていた．

```
def maxen_H(xs):
    return [x for x in xs if x == max(xs)]
```

118    第 10 章　スピードアップ

しかし，これはいけないプログラム．ループ中で繰り返し max(xs) を計算している．何度計算しても同じ値が返るはずの max(xs) だ．

受講生 I のあまり人気のなかった地味な回答は次．こちらはループに入る前に max(xs) を一度だけ計算する．

```
def maxen_I(xs):
    mx = max(xs)
    return [x for x in xs if x == mx]
```

ループ中で何度も繰り返し実行する max() とループの前に一度だけ実行する max() の違いは大きく，比較するまでもなく結果は明らかだが，要素数 10,000 個の整数乱数リストで実行時間を比較してみた．

```
>>> n = 10**4
>>> xs = [randrange(1000) for _ in range(n)]
>>> print(timing(maxen_H, xs))
Elapsed time: 817.3 ms
[999, 999, 999, 999, 999, 999, 999, 999, 999, 999]
>>> print(timing(maxen_I, xs))
Elapsed time: 0.2 ms
[999, 999, 999, 999, 999, 999, 999, 999, 999, 999]
```

約 4,000 倍の差があった．たんに行数が短いからって飛びつくのをやめよう．

## 10.5　ビンゴゲーム bingo(n)

例題 10.5　ビンゴゲーム用の bingo(n)．戻り値は $1 \leq i \leq n$ の $n$ 個の整数が重複なく順番バラバラに入ったリスト．

$1 \leq i \leq n$ の $n$ 個の整数が重複なく順番バラバラに入ったリストを，便宜上，この章では $n$-ビンゴと呼ぶ．

ほとんどの受講生は次の bingo_slow(n) のスタイルで回答を書いてくる．

```
from random import randint

def bingo_slow(n):
    """
```

## 10.5 ビンゴゲーム `bingo(n)` 119

```
サイコロの目が自分の持ち物にあったら,もう一度サイコロをふる.
何回サイコロを振ったらスロットが埋まるかは,運次第.
"""
ret = []
# count = 0
while len(ret) < n:
    # count += 1
    r = randint(1, n)
    if r not in ret:
        ret += [r]
# print("count", count)
return ret
```

リストの $i$ 番目に値が入っていく確率は $(n-i)/n$, リストの $i$ 番目に値が決まるまでの試行開始数はそれを逆数にした $n/(n-i)$, リストが全部埋まるまでのループの回数は,

$$\sum_{i=0}^{n-1} \frac{n}{n-i}$$

と予想される. ループ中で振り出した乱数 r のユニークさの判定 (if r not in ret の部分) にもかなり手間取るだろうと予想されることも懸念材料だ.

$n = 50, 100, 1000, 10000$ のケースでループが何回まわるか, 結果を得るまでにどのくらいの時間がかかるか, 実験してみた. 上のプログラム中の # コメントはその実験のなごり. 結果は表 10.1. $n$-ビンゴを得るために費やすループの回数は線形を超えた増加をする. n が大きくなると実行時間の差はどんどん広がる.

**表 10.1** 関数 `bingo_slow(n)` のループ回数予測と実測値. 右端は比較のために計測した関数 `bingo(n)` の実行時間.

| n | ループ回数予想 | 実験 (回) | 時間 (ms) | bingo (ms) |
|---|---|---|---|---|
| 50 | 225.0 | 174 | 0.2 | 0.0 |
| 100 | 518.7 | 669 | 0.3 | 0.0 |
| 1000 | 7485.5 | 9771 | 28.1 | 0.5 |
| 10000 | 97876.1 | 85478 | 2467.7 | 4.6 |

120 第 10 章 スピードアップ

下のスタイルで回答する受講生の割り合いは 1 割以下. ret の初期値は 1 から n までの数が整列したリストで, i 番目と j 番目の入れ替えを繰り返すことで並びをバラバラにする. 順番が変わっても 1 から n の数は必ず ret の中にある.

```python
from random import randrange
def bingo(n):
    """
    n 枚のトランプを n 回数シャッフルする.
    """
    ret = list(range(1, n + 1))
    for _ in range(n):
        i = randrange(0, n)
        j = randrange(0, n)
        ret[i], ret[j] = ret[j], ret[i]
    return ret
```

bingo_slow() のようなプログラムを書くユーザを憂いたのか, Python には random.sample() という関数が組み込みになっている. 使い方は,

```python
>>> from random import sample
>>> sample(range(10), 10)
[9, 8, 0, 5, 2, 6, 3, 1, 4, 7]
```

最初から random.sample() を使えばよかった？それはちょっと違うな.

## 10.6 最大公約数 gcd2(x,y)

> **例題 10.6** math.gcd( ) を使わず, 正の整数 x, y の最大公約数を返す関数 gcd2(x, y) を定義しなさい.

最大公約数を求めるのに**ユークリッドの互除法**というエース級のアルゴリズムが 2000 年以上前に発見されている（8.3.1 項参照）. この章はコードのムダを省くことによるプログラムの実行速度向上が目的なので, 互除法は後回し.

受講生の回答.

**1.** x の約数のリストを求める.

**2.** y の約数のリストを求める.

**3.** 両方のリストに共通する要素の最大のものが最大公約数だ.

プログラムは以下.

```python
def gcd2_u(x, y):
    dx = divisors(x)
    dy = divisors(y)
    common = []
    for x in dx:
        if x in dy:
            common += [x]
    return max(common)
```

間違いではない. しかし, 多くのムダがある.

中学生に整数 x と y の最大公約数をどう求めるか, 聞いてみよう.

**1.** x と y の小さい方を sm, 大きい方を lg とする.

**2.** sm の約数を求める.

**3.** その約数の大きい方から lg を割ってみる.

**4.** 最初に lg を割り切った数が x と y の最大公約数.

中学生の回答をそのままコードにするとこうなるだろう;

```python
def gcd2_j(x, y):
    if x < y:
        sm, lg = x, y
    else:
        sm, lg = y, x
    ds = divisors(sm)
    for s in ds[::-1]: # リスト ds の末尾から順に要素を取り出す
        if lg % s == 0:
            return s
    return 1
```

中学生方式は divisors() の呼び出しが一回なので, 最低で二倍は高速化するはず. 最大値を戻すのに, 小さい方から探すのも非効率. 大きい方から探し, 見つかったらすぐにリターンでいい.

1000 組みの乱数 $r1, r2$ を $10000 \leq r1, r2 < 20000$ の中から選び, 1000 個の最大公約数算出にかかる時間を比較してみよう.

122 第 10 章 スピードアップ

```
>>> sm = 100000
>>> lg = 200000
>>> n = 10000
>>> randoms = [(randrange(sm, lg), randrange(sm, lg))
                for _ in range(n)]
>>> timing(lambda rnd: [gcd2_u(*r) for r in rnd], randoms)
Elapsed time: 217.1 ms
>>> timing(lambda rnd: [gcd2_j(*r) for r in rnd], randoms)
Elapsed time: 99.1 ms
```

　乱数二つの最大公約数はほとんどが 1 や 2 のような小さな数になるので，大きい方から探して見つかったら即リターンの効果はこの実験ではほとんどない．それでもきちんと 2 倍速を達成している．

▌延期しておいたユークリッドの互除法では？▌

```
def gcd_euclid(x,y):
    while y != 0:
        x, y = y, x % y
    return x

timing(lambda rnd: [gcd_euclid(*r) for r in rnd], randoms)
# Elapsed time: 3.2 ms
```

　gcd2_j() よりも 30 倍以上の速度．しかも，コードが短い！さすが 2000 年以上の歴史を持つエース．

## 10.7　回文数を探せ

　「トマトワトマト」，「ワタシマケマシタワ」のように，左から読んでも右から読んでも同じになる文を回文という．回文数とは 123321 のように数字を逆に並べ直しても同じになる数のこと．

---

**例題 10.7**　2 桁の数の積で表される回文数のうち，最大のものは $9009 = 91 \times 99$ である．max_palindrome(sm, lg) を定義し，3 桁の数の積で表される回文数の最大値を求めよ．

---

受講生 X さん，Y さん，Z さんの回答を紹介する．比較のために整数 n が
回文数であるかどうかを判定する関数 is_palindrome_number(n) を共通に
する．

```python
def is_palindrome_number(n):
    return str(n)[::-1] == str(n)
```

3 人の答えは同じだが，実行時間は 100 倍の違いがある．その差がどこに原
因するのか，以下の回答から探し出してほしい．

受講生 X の回答：　sm ≤ x, y < lg となる x,y について，x*y が回文数で
あることを判定し，それがそれまでに見つけた最大回文数よりも大きければ最
大値として記録する．ループ完了したら最大値をリターンする．

```python
def max_palindrome(sm, lg):
    mp = 0
    for x in range(sm, lg):
        for y in range(sm, lg):
            if is_palindrome_number(x * y) and mp < x * y:
                mp = x * y
    return mp

print(timing(max_palindrome, 100, 1000))
# Elapsed time: 131.6 ms
# 906609
```

受講生 Y さんのコードは，受講生 X さんのコードと if で判定する mp < x * y
が and の前か後ろかしか違わない．しかし，これによって計算時間は 1/5 に
短縮．

```python
def max_palindrome(sm, lg):
    mp = 0
    for x in range(sm, lg):
        for y in range(sm, lg):
            if mp < x * y and is_palindrome_number(x * y):
                mp = x * y
    return mp

print(timing(max_palindrome, 100, 1000))
```

124    第 10 章　スピードアップ

```
# Elapsed time: 26.7 ms
# 906609
```

受講生 Z 君のアイデアはもう少し精密だが，難しくはない．まず，x*y==y*x
なので，二重ループで回る範囲は半分にできる．そしてループを大から小に逆
向きに回す．内側のループで計算する x*y はループが進むにつれ小さくなる
から，x*y がそれまでに見つけた最大回文数よりも小さくなったらループをブ
レークしてしまう．見つけるべきは最大の回文数なので探す必要がない．そし
て，残った x*y がそれまでに見つけた最大回文数よりも大きい回文数である時
に，最大回文数を x*y で更新する．x*y を何度も再計算せず，変数 xy で参照
させているのもスピードアップにつながる．これによって，実行時間は最初の
130 ms からほぼ 1/100 の 1.4 ms まで短縮．

```python
def max_palindrome(sm, lg):
    mp = 0
    for x in range(lg, sm, -1):
        for y in range(x, sm, -1):
            xy = x * y
            if xy < mp:
                break
            if is_palindrome_number(xy):
                mp = xy
    return mp

print(timing(max_palindrome, 100, 1000))
# Elapsed time: 1.4 ms
# 906609
```

プログラムはちょっとのケアとアイデアで数倍以上スピードアップできるこ
とがある．

### ◆ コラム 15　リストは空か？

　基本を再確認しよう．
　リスト xs が空かどうかを判定する．リストの最初の要素を見た瞬間，「長さは 1
以上ある，このリストは空じゃない」の判定は可能だ．その後，わざわざ長さを求

める必要はない.

しかし, そのものズバリの,

```
xs == []
```

を答える受講生は少なく, 多くの受講生は代わりに,

```
len(xs) == 0
```

を選ぶ. この理由はなんだろう? はっきりした原因はわからない.

Python はオブジェクトの長さをオブジェクトの属性として保持するので, len(xs) を使ってもプログラムの速度低下はほとんどない. しかし, 他のコンピュータ言語一般がそうとは限らない. 例えば C 言語だが, 文字列 s が空文字列かどうかを判定するのに, *s=='\ 0' の代わりに strlen(s)==0 を使ったプログラムは速度低下が免れないだろう.

ただし, Python に限っても, len(xs)==0 が xs==[] の代用にはならない例はすぐに見つかる. 次は, リストが空な時は"empty"をプリントし, そうでない時は先頭要素をプリントする関数だが, 同じ引数 lst に対し, first(lst) の方は実行できるが, len(xs)==0 を使って定義した bug_first(lst) はエラーになる.

```
def first(xs):
    if xs==[]:
        print("empty")
    else:
        print(xs[0])

def bug_first(xs):
    if len(xs)==0:
        print("empty")
    else:
        print(xs[0])

>>> lst=range(10*100)
>>> first(lst)
0
>>> bug_first(lst)
Traceback (most recent call last):
  File "<stdin>", line 1, in <module>
  File "<stdin>", line 2, in bug_first
```

```
OverflowError: Python int too large to convert to C
   ssize_t
```

長さが $10^{100}$ のリストを持ってくるなど，エラーとなることを狙った姑息な例とも言えるが（短めなリストが引数であれば `bug_first()` はエラーにならない）この章の最初に書いた「いいプログラムの条件」を思いだそう．

ほとんどのケースでは正しそうな答えを導き出しても，ある入力に対しては誤動作するプログラムは危なくて使えない．

`xs==[]` が必要十分な場所に `len(xs)==0` を持ってくることはやめよう．

# 11

# 画像処理

　現在も活発な開発が続く最先端の画像処理プロジェクトに OpenCV がある．流行りの AI による動画生成も起源はこの OpenCV にある．

　Python では OpenCV の成果を取り込んだライブラリ opencv-python が利用可能になっていて，ファイルやカメラからのイメージデータの読み取り，加工，ファイルへの書き出しが非常に簡単にできる．

　本章では画像処理の基本を Python プログラムで一通り学んだ後，2022 年 FIFA ワールドカップの日本対スペインのあのシーンの解析を試みる．

## 11.1　ピクセル

　デジタル画像はピクセル（**PIC**tures **EL**ement を略して pixel，画素）が縦横に並んだデータである．ピクセルが所定の色で発色し，それを遠目に見たヒトが発色のパターンに応じて犬や猫などの姿として認識している．

　ピクセルが並んだ様子は直方体をイメージするとよい（図 11.1）．一つひとつのピクセルが直方体の深さに相当する 24 ビットの色情報を持っていて，その 24 ビット中の 8 ビットずつが青，緑，赤の 3 原色の成分を表し，ピクセルの発色を決めている[1]．

　この直方体は数学的に三次元の行列で表現できる．OpenCV がデジタル画像を表現するデータ構造はまさしくその三次元行列になる．

---

[1] 状況によっては，1 ビット（白黒イメージ），8 ビット（グレースケール），青，緑，赤の他に透明度の 8 ビットを足した 32 ビットをピクセルに持たせる場合もある．

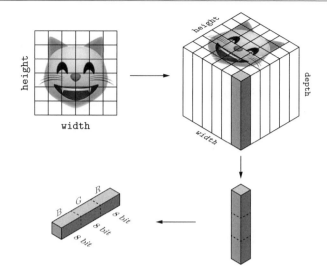

**図 11.1** 普段見ている画像は width × height のピクセルの集まり．ピクセルの発色は三原色 Blue, Green, Red の成分がそれぞれ 8 ビットずつ，合計 24 ビットで表現されている．

**表 11.1** ピクセルの発色は $(b, g, r)$ で．

| (B, G, R) | 色 |
|---|---|
| (0, 0, 0) | 黒 |
| (255, 255, 255) | 白 |
| (255, 0, 0) | 青 |
| (0, 255, 0) | 緑 |
| (0 , 0, 255) | 赤 |
| (b, g, r) | 青を b, 緑を g, 赤を r 混ぜた色 |

ピクセルの表示が短い時間に切り替わると動画になる．テレビで見る大谷選手のホームラン姿はスクリーンに並んだピクセルの 1/30 秒ごとの明滅のパターンである．

## 11.2 ウィンドウを塗りつぶす

### 11.2.1 イメージ行列

関数 numpy.zeros((h, w, d), type) は幅 w, 高さ h, 深さ d の三次元行列を返す. 行列要素は type. この type に uint8 を指定すると, opencv-python で利用できるイメージ行列になる. 行列の要素はすべてゼロで初期化される.

ターミナルで Python を起動し, 2×4×3 の行列を作る zeros((2,4,3),uint8) を入れてみよう.

```
>>> from numpy import zeros,uint8
>>> zeros((2,4,3), uint8)
array([[[0, 0, 0],
    [0, 0, 0],
    [0, 0, 0],
    [0, 0, 0]],

    [[0, 0, 0],
    [0, 0, 0],
    [0, 0, 0],
    [0, 0, 0]]], dtype=uint8)
>>>
```

これが opencv-python のイメージ行列. array() の第一要素は 2 行 4 列深さ 3 の三次元行列, 第二要素の dtype=uint8 は行列要素が uint8 型であることを表している. uint8 は 0 以上 255 以下の値しか取らない 8 ビット整数. この特殊な整数がピクセルの表現 (図 11.1) にぴったりマッチする.

> ### ◆ コラム 16　unit8 型
>
> Python の整数はメモリの許す限り限りなく大きな正数, 限りなく小さな負数を取れる.
>
> $$- \longleftarrow \quad \underset{0}{\mid} \quad \longrightarrow +$$
>
> それに対し, numpy ライブラリの int8, uint8 の正数, 負数は表せる範囲が 8 ビットに限られる. int8 型の数は正の数の最大値 127 を超えると負の数に, uint8 型の数は 0 に戻る.

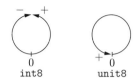

```
>>> from numpy import int8, uint8
>>> x = int8(127) # x は int8 型の正数の最大値 127.
>>> y = int8(1)
>>> x + y # int8 型の 1 を足すと int8 型の負数の最小値となる.
-128
>>> x = uint8(255) # x は uint8 型の整数の最大値 255.
>>> y = uint8(1)
>>> x + y # uint8 型の 1 を足すと 0.
0
>>> x + 1 # int 型の 1 を足すと 256.
256
```

最後の x+1 が 256 になる理由，わかるかな？

### 11.2.2  cv2

opencv-python は外部ライブラリの名前であり，インストールの際はその名前を使うが，ライブラリを Python プログラムから呼び出す時には cv2 になる[※2]．

[0,0,0] が黒を表すことに注意すると，次のプログラムは 400 × 300 の領域を黒で塗りつぶしたウィンドウを表示する．numpy.zeros() の最初の引数が，高さ，幅，深さの順であることに注意すること．

```
from numpy import zeros, uint8
from cv2 import imshow, waitKey, destroyWindow

def window_black(width, height):
    img = zeros((height, width, 3), uint8)
    imshow("black", img)
    _ = waitKey(0)
    destroyWindow("black")
```

[※2] Python の事情でハイフンの入ったファイル名をインポートできない．

```
window_black(400, 300)
```

- from numpy ... numpy のライブラリ名は numpy.
- numpy.zeros, numpy.uint8 ... 本文中で説明した.
- from cv2 ... opencv-python のライブラリ名は cv2.
- cv2.imshow(s, img) ... タイトル s のウィンドウに行列 img で表されるイメージを表示. ウィンドウのサイズは img の行と列の長さ.
- cv2.waitKey(n) ... キーボードからの入力を n ミリ秒待つ. その間にイメージの描画を実行する. n=0 とするとキーボードがヒットされるまでずっと待つ. waitKey() を忘れるとイメージは表示されない. 戻り値は打ったキーのコード.
- cv2.destroyWindow(s) ... タイトルが s のウィンドウをしまう.

図 11.2　黒一色のウィンドウが現れた.

### 11.2.3　演習: 国旗を Python で

関数 numpy.zeros() は作成した要素すべてが 0 である行列を返すので, 黒のイメージを作るには都合がいい.

黒以外の色のウィンドウを表示するには, numpy.zeros() で望みの縦横サイズの黒イメージとなる行列を作った後, その行列の要素を望みの色に書き換えるのが簡単 (コラム 17 参照).

```
from cv2 import imshow, waitKey, destroyWindow
from numpy import zeros, uint8
```

```
def ukraine(width, height):
    blue = (255, 0, 0)
    yellow = (0, 255, 255)
    img = zeros((height, width, 3), uint8)
    for y in range(height):
        for x in range(width):
            img[y, x] = blue
    for y in range(height // 2, height):
        for x in range(width):
            img[y, x] = yellow
    imshow("ukraine", img)
    _ = waitKey(0)
    destroyWindow("ukraine")

height = 150
width = int(height * 1.61)
ukraine(width, height)
```

図 11.3　上半分が青, 下が黄色. 白黒印刷が残念.

## 問 11.1

1. イタリア, ドイツ, フランスの国旗をウィンドウ上に作れ.
2. スイス国旗, ユニオンジャックをウィンドウ上に作れ.
3. 日本の日の丸をウィンドウ上に作れ.

## ◆コラム 17 データ型を意識したプログラム

py99 で鍛えた受講生なら，`for` の二重ループはリスト内包で書き換えられると思う人がいるかもしれない.

半分は正解.

しかし，`opencv-python` による画像処理ではそれではうまくいかない部分がある．例えば，ピクセルの色情報を表すデータは 8 ビット符号なし整数（uint8）が三つでなければならないが，普通の Python の整数はそれとは違う 28 バイト．巨大な整数だとさらにバイト数は増える．ピクセルを収める行列も，Python のリスト内包が返す `list` ではなく，`numpy.ndarray` という特別なタイプである必要がある．整数は整数に決まってるじゃないか？そうなんだけど，コンピュータの整数は，所詮，整数をモデル化したものだからね．Python は処理速度よりも，プログラムの柔軟性，可用性に重心をおいた言語．整数ひとつをとっても，柔軟性を実現するためのいろんな工夫や仕掛けを詰めこんだデータ構造になっている．ということで，残りの半分は，普段の Python 使いでは意識することの少ない「データの型」を画像処理では意識する必要がある.

言い換えると，Python オリジナルの整数やリストを `numpy.uint8()` や `numpy.asarray()` を使って OpenCV の期待するデータに変換するコードを明示的に書く必要がある.

最初のコードも関数 `zeros()` の第二引数に怪しげな uint8 が出現していた．このおかげで，たとえば `img[0,0]` = (255,0,0) が呼ばれるときは，

- Python が変数 `img` は通常のリストではない，OpenCV が必要とする `numpy.ndarray` 型のデータと暗黙のうちに認識してくれ，

- Python がタプル (255,0,0) のそれぞれの整数は uint8 に変換する必要があると暗黙のうちに認識してくれ，255 や 0 を uint8 型に変換した後に `img` 行列の指定した場所に代入してくれる.

こっちの方がデータ変換に気を取られず画像処理に注意を集中しやすいとの判断で，`numpy.zeros()` その他を利用したプログラミングを進める.

もちろん，興味のある人，プログラミング好きは `unit8()`, `asarray()` の乱打にハマっても構わない．プログラムが思い通りに動かなかったときは「データの型」に注意してデバッグしてみよう.

*134* 第 11 章 画像処理

## 11.3 イメージファイルの読み込みと表示

パソコンにセーブしたイメージファイルをウィンドウに表示してみる.
Python プログラムをセーブするフォルダに自分の好きなイメージファイル (下
のプログラムでは"japan-spain.jpg") を置く. 実行すると, ウィンドウが
開いてイメージを表示する.

```python
from cv2 import imread, imshow, waitKey, destroyWindow

def imread_imshow(fname):
    img = imread(fname)
    imshow("imread/imshow", img)
    _ = waitKey(0)
    destroyWindow("imread/imshow")

imread_imshow("japan-spain.jpg")
```

- cv2.imread(fname) ... ファイル fname からイメージデータを読
  む. 戻り値は opencv-python のイメージ行列.

ファイルを開くのに, 5 章で組み込み関数の readline() を紹介した.
cv2.imread() はファイルを読み, ファイルに書かれたデータを解析し,
opencv-python のデータにするまでを実行する.

一般に, ファイル名についた拡張子".jpg", ".png"などはデータ圧縮の手
法を表している. JPG と PNG の圧縮アルゴリズムは別物だが, JPG ファイ
ルであっても PNG ファイルであっても, その他の圧縮アルゴリズムで圧縮さ
れたイメージファイルであっても, OpenCV が対応している圧縮方法である限
り, cv2.imread() で読み込むことができ, 圧縮をほどいたイメージ行列 img
が戻り値として戻される.

**問 11.2** 引数のファイル名 fname が見つからない場合も imread(fname)
はエラーを返さない. imread(fname) を改良し, ファイルが見つからない
ときはエラーを表示し, きちんと停止する safe_imread(fname) を作り
なさい. (標準ライブラリ os.path.exists(fname) を利用するとよい.)

## 11.4　イメージをファイルに書き出す

イメージ行列 img を JPG 圧縮し，ファイル名 sample.jpg でセーブする
コードは次の通り：

```
cv2.imwrite("sample.jpg",img)
```

- cv2.imwrite(fname, img) ... イメージ行列 img で表されるイメー
  ジをファイル fname にセーブする．fname の拡張子を見てイメージの
  圧縮アルゴリズムを決定するので，fname には".png"，".jpg"等，希
  望フォーマットに合わせた拡張子を必ずつけること．

## 11.5　カメラからのイメージの読み込み

OpenCV では内蔵カメラや USB 接続のカメラからの映像の読み込みをファ
イルからの画像読み込みと大差なく実行することができる．読み出しと表示を
短時間で連続しておこなうと動画になる．

- cv2.VideoCapture(n) ... PC に接続した n 番目のカメラに接続す
  る．呼び出しに成功すると，カメラオブジェクトが戻り値．カメラオブ
  ジェクトの詳細は Python に任せてよし．
- cap.read() ... cv2.VideoCapture() の戻り値 cap から，映像を一
  枚，読み出す．戻り値はタプル (ret, img)．読み出しが成功した場
  合は ret には True，img にはイメージ行列が入っている．失敗した時
  は ret が False となるので，再度，読み出しにチャレンジする．
- cap.release() ... カメラ用に確保したメモリその他のリソースを解
  放する．

これらを利用して，ノート PC の内向きカメラ，あるいは USB 接続の外部
カメラから映像を取り込み，エンターキーでファイルにセーブするアプリを作
ろう．'q' キーでプログラムは終了．

```
from cv2 import VideoCapture, imshow, imwrite, waitKey,
    destroyWindow

def incam_snap(cam, base, ext):
    cap = VideoCapture(cam)
```

**136** 第 11 章 画像処理

```
    n = 0
    while True:
        ret, img = cap.read()
        if not ret:
            continue
        imshow("incam snap", img)
        key = waitKey(30)
        if key == ord('\r'): # enter key
            name = base + str(n) + ext
            imwrite(name, img)
            print("saved as", name)
            n += 1
        if key == ord('q'):
            break
    cap.release()
    destroyWindow("incam snap")

incam_snap(0, "snap-", ".jpg")
```

## 11.6　画像変換

　画像処理は数学的な行列演算になる．ファイルから読んだイメージもカメラ
で撮影したイメージも numpy.zeros() で作ったイメージも，Python プログ
ラムにとっては三次元の行列であった．

　ライブラリ opencv-python にはここで演習する画像変換をおこなう関数も
用意されているが，本章では画像処理の基本の理解，プログラミングに重心を
置くというポリシーに立ち，Python の関数として画像変換関数をプログラム
してみる．

### 11.6.1　img.shape: 行列のサイズを得る

　行列の行，列，深さは img.shape で読み取れる．

- img.shape ... h,w,d = img.shape のように呼び出し，イメージ img
  の縦，横，深さを整数 h,w,d に取得する．縦，横の順番に注意．

　shape は関数でもメソッドでもなく，**属性**に分類される．用語に拘泥するこ
となく，イメージのサイズを取得する関数として覚えておけばよい．

## 11.6.2 イメージ行列を変更する

次の関数 flip_x(img) は三次元行列 img の深さ,高さはそのままに,行の左右を反転した行列を返す.

```
def flip_x(img):
    h, w, d = img.shape
    img2 = zeros((h,w,d), uint8)
    for y in range(h):
        # img2[y] = img[y][::-1]
        for x in range(w):
            img2[y,x] = img[y, x - w - 1]
    return img2
```

関数 imshow() に渡すイメージ配列を上の関数 flip_x() の戻り値に変更すれば,映像の左右を反転した,鏡に映ったようなイメージがウィンドウに表示される.

```
imshow("incam", flip_x(img))
```

**問 11.3** for x in range(w): の二行のループはその上にコメントアウトした img2[y] = img[y][::-1] の一行と動作は同じだが,動作時間は大きく変わる.実測してみよ.

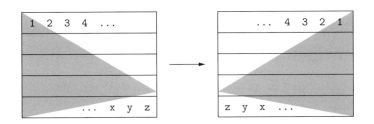

図 11.4 イメージを左右反転する

基本的な画像変換を演習してみよう.

### (a) 上下反転

```
def flip_y(img):
    return img[::-1]
    # h, w, d = img.shape
    # img2 = zeros((h, w, d), uint8)
    # for y in range(h):
    #     img2[y] = img[h - y - 1]
    # return img2
```

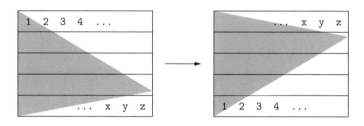

図 11.5 イメージを上下反転する

コメントアウトの行は return img[::-1] の一行と同じ動作をする．

### (b) 回転

zeros() で確保する行列の行と列に注意する．

```
def rotate(img):
    h, w, d = img.shape
    img2 = zeros((w, h, d), uint8)
    for y in range(h):
        for x in range(w):
            img2[x, y] = img[y, x]
    return img2
```

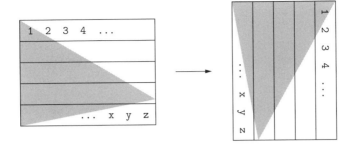

図 11.6 イメージを回転する

(c) 縮小

```
def smaller(img):
    h, w, d = img.shape
    img2 = zeros((h // 2 + 1, w // 2 + 1 , d), uint8)
    for y in range(0, h, 2):
        for x in range(0, w, 2):
            img2[y // 2, x // 2] = img[y, x]
    return img2
```

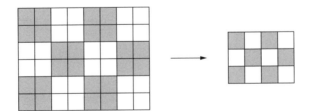

図 11.7 イメージを半分にする

(d) 拡大

```
def dupli(xs):
    return sum([[x, x] for x in xs], [])

def enlarge(img):
    h, w, d = img.shape
    img2 = zeros((h * 2, w * 2, d), uint8)
```

```
    for y in range(h):
        row = dupli(img[y])
        img2[2 * y] = row
        img2[2 * y + 1] = row
    return img2
```

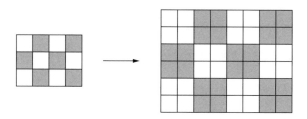

**図 11.8** イメージを拡大にする

### (e) 切り取り

imgの (left, top) 座標から (right, bottom) 座標までのエリアを切り取る．

切り取りエリアの縦横で行列 rect を用意したら，img の該当ピクセルを rect へコピーする．ループが終わってコピーが終了したら，rect を戻す．

```
def clip(img, left, top, right, bottom):
    rect = zeros((bottom - top, right - left, 3), uint8)
    for y in range(top, bottom):
        for x in range(left, right):
            rect[y - top, x - left] = img[y, x]
    return rect
```

### (f) 単色イメージ

img[y,x] の値は（青，緑，赤）のタプル．青成分だけ残し他はゼロにすると，青成分だけのイメージになる．緑単色，赤単色のイメージも同様にできる．

```
def blue(img):
    h, w, _ = img.shape
    for y in range(h):
        for x in range(w):
            b, _, _ = img[y, x]
```

```
        img[y, x] = (b, 0, 0)
    return img
```

### (g)　二値化（バイナライズ）

ピクセルは $255 \times 255 \times 255$ の状態を取りうる．閾値を設けて二つに分けれ
ば二値化が実現する．例として，ピクセルの BGR 値を乗じた値が thres 未満
であれば黒，それ以外は白とする関数は次のようにプログラムできる．

```
def binarize(img, thres):
    h, w, _ = img.shape
    for y in range(h):
        for x in range(w):
            b, g, r = img[y, x]
            if b * g * r < thres:
                img[y, x] = (0, 0, 0)
            else:
                img[y, x] = (255,255,255)
    return img
```

### (h)　グレースケール

ピクセルの (b,g,r) について v=(b+g+r)/3 を計算し，(v,v,v) をピクセ
ルの BGR 値にする．これは平均法と呼ばれるグレー化方法で，人間の感覚と
異なるグレーイメージになりやすい．

int(b+g+r)/3 を b//3 + g//3 + r//3 とする理由はなんだろう？

b,g,r の各変数が，Python の通常の整数ではなく，uint8 型であることに
注意しよう（コラム 16 参照.）．

uint8 型の変数は $0 \sim 255$ の値をとる．uint8 型の変数の和はやはり uint8
型になる．3 つの変数を単純に足すと 255 を超え，割り算の前にオーバーフ
ローしてしまうことがある．

```
def grayslace(img):
    h, w, _ = img.shape
    for y in range(h):
        for x in range(w):
            b, g, r = img[y, x]
            # 平均法でグレー化
            v = b//3 + g//3 + r//3
```

```
        img[y, x] = (v, v, v)
    return img
```

v = 0.21 * r + 0.72 * g + 0.07 * b に換えると，人間の感覚により
近いグレースケール映像が得られる．輝度法と呼ばれる．

### (i)　エッジング

隣り合ったピクセルの色情報が大きく変わる場所を見つける作業．微分とも
言われる．生のデータを使うと感度が高すぎるため，次のスムージングと組み
合わせて利用することが多い．

ピクセルの BGR 値を輝度法でグレー化する関数 graying()，グレー化後の
2 乗差が閾値よりも小さければ近いと判断する関数 is_near() を定義する．

定義した is_near() を利用し，イメージの隣り合うピクセルのグレー値が
近い時は BGR 値を (255, 255, 255)，遠い時は (0, 0, 0) とするイメージ
を返す関数 diff_x() で，星型のイメージを微分してみた（図 11.9）．

```python
def graying(bgr):
    b, g, r = bgr
    return 0.21 * r + 0.72 * g + 0.07 * b

thres = 1.0

def is_near(p1, p2):
    g1 = graying(p1)
    g2 = graying(p2)
    ret = (g1 - g2) ** 2
    return ret < thres

def diff_x(img):
    h, w, d = img.shape
    result = zeros((h, w, d), uint8)
    for y in range(h):
        for x in range(w - 1):
            if is_near(img[y, x], img[y, x + 1]):
                result[y, x] = (255, 255, 255)
            else:
                result[y, x] = (0, 0, 0)
    return result
```

図 11.9 左のイメージを関数 diff_x() で横方向微分した．

(j) スムージング・ノイズ除去

デジタルイメージには小さなノイズが乗ることがある．前述の微分操作などは小さなノイズにも鋭敏に反応することがあり，操作前に除去しておくことが望ましい．

ここで紹介するのは，隣接する左右のピクセルが黒であったら自分も黒になるという半ば強引なノイズ除去だが，次節の FIFA ワールドカップ映像解析では十分に機能する．

二次元的な周囲のピクセルの状態の平均値を取ってピクセルの状態とするガウシアンフィルタはこのコードの延長上にある．

図 11.10 黒ピクセルで挟まれた白ピクセルを黒に変える．

```
def is_black(bgr):
    b, g, r = bgr
    return b == 0 and g == 0 and r == 0

def remove_spots(img):
    h, w, d = img.shape
    result = zeros((h, w, d), uint8)
    black = (0, 0, 0)
    for y in range(h):
        for x in range(1, w - 1):
            if is_black(img[y, x - 1]) and is_black(img[y, x + 1]):
                result[y, x] = black
    return result
```

## 11.7 画像を比較する

図 11.12 は図 11.11 にある文字を重ねたもの．重ねた文字イメージは元のピクセルと BGR 値が非常に近いので，人間の目には区別しにくいものになっている．印刷ミスではない．

図 11.11　　　　　　　　　　　　図 11.12

デジタル処理で隠された文字を浮き上がらせてみよう．

イメージ img1 と img2 をピクセルごと比較し，ピクセルが近しい色であれば BGR 値を (255, 255, 255)，違った色であれば (0, 0, 0) とするイメージ img3 を返す関数 diff2() を定義した．イメージの読み込み，表示，関数 is_near() は前章までの関数を参照すること．

```
def diff2(img1, img2):
    h, w, d = img1.shape
    img3 = zeros((h, w, d), uint8)
    for y in range(h):
        for x in range(w):
            if is_near(img1[y, x], img2[y, x]):
                img3[y, x] = (255, 255, 255)
            else:
                img3[y, x] = (0, 0, 0)
    return img3
```

隠されていた文字は「日本」だった.

## 11.8 画像解析

2022年FIFAワールドカップの世界中で注目されたあの写真を分析する. 白のエンドラインにサッカーボールが乗っているかどうかを数学的に判定しよう.

### 11.8.1 最小二乗法

写真に映るエンドラインを拡大して見てみると, 白のピクセルがでこぼこしながら並んでいる. その並びに最もふさわしい直線を最小二乗法によって求め, 境界を表す直線とする. 最小二乗法のアイデアは大学初年度程度の数学で十分に理解できるシンプルなものだ.

1. 測定したデータ $(x_0, y_0), \ldots, (x_{n-1}, y_{n-1})$ に対し, 仮想的な直線 $y = ax + b$ を考える.
2. データ $(x_i, y_i)$ と直線上の $(x_i, ax_i + b)$ の距離 $e_i = |y_i - (ax_i + b)|$ の総和 $\sum_{i=0}^{n-1} e_i$ が計算できる. この関数は $a, b$ を引数とする関数 $F(a, b)$ と考えてよい.
3. データに最もピッタリ来る $(a, b)$ であれば, 別の $(a', b')$ で求めた $F(a', b')$ よりも小さくなる.
4. 測定データ $(x_i, y_i)$ に最も近い直線 $y = ax + b$ を求めることは, 関数 $F(a, b)$ の極点を求めることに等しい.

$e_i$ を二乗和するのはプラスの $e_i$ とマイナスの $e_j$ とでキャンセルしないよう, 絶対値の和ではなく二乗和を使うのはあとで微分しやすいからという理由

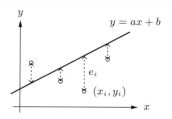

**図 11.13** 最小二乗法のアイデア．測定点 $(x_i, y_i)$ と直線 $y = ax + b$ の距離 $e_i$ の二乗和 $\sum_{i=0}^{n-1} e_i{}^2$ を最小とする $a, b$ を求める．

による．

$$\sum e_i{}^2 = \sum (ax_i + b - y_i)^2$$
$$= \sum (a^2 x_i^2 + b^2 + y_i^2 + 2abx_i - 2by_i - 2ax_i y_i)$$
$$= a^2 \sum x_i^2 + b^2 \sum 1 + \sum y_i^2 + 2ab \sum x_i - 2b \sum y_i - 2a \sum x_i y_i$$

これを $F(a, b)$ とおき，$a, b$ による微分値をそれぞれゼロとする連立方程式を立てる．

$$\frac{\partial F}{\partial a} = 2a \sum x_i^2 + 2b \sum x_i - 2 \sum x_i y_i = 0$$
$$\frac{\partial F}{\partial b} = 2a \sum x_i + 2b \sum 1 - 2 \sum y_i = 0$$

つまり，実測データ $(x_i, y_i)$ について $\sum 1, \sum x_i^2, \sum x_i, \sum y_i, \sum x_i y_i$ を求め，二元連立方程式（Py99 の問題 89）に持ち込めば答えが得られることになる．

### 11.8.2 イン？アウト？

前章で学んだイメージ加工の関数を使って画像解析する（図 11.14）．

1. 問題のシーンを読み込む．
2. エンドラインが入った領域を切り取る．
3. 切り取ったイメージを 90 度回転する．
4. バイナライズ．
5. スムージング．

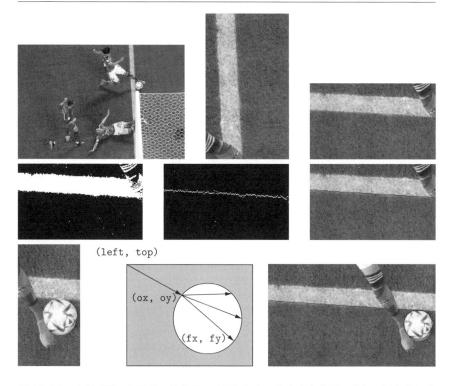

**図 11.14** 本章で使った関数のみを使って解析した．左上から右下へ進む．機械的に求めたエンドラインの直線の方程式 $y = 0.06317x + 56.3$ と，ボールの円の方程式 $(x-232.0)^2 + (y-91.5)^2 = 25.8^2$ は，実数解 $\{(248.995, 72.0485), (217.589, 70.0636)\}$ を持つ．このモデルによるプレーの判定は「イン」．写真：AP/アフロ

6. エッジ検出．
7. 検出したエッジに最小二乗法で求めた直線を当てはめる．
8. サッカーボールのイメージを切り取る．
9. 円の方程式 $(x - x_0)^2 + (y - y_0)^2 = r^2$ を求める．
10. 直線と円の連立方程式を解く．

```
# イメージからボールの中心, 半径を求める.
def distance(x0, y0, x1, y1):
    return (x1-x0)**2 + (y1-y0)**2

def nearest_white(im):
    """イメージの左上から最も近い位置にある白の座標を返す"""
```

## 148　第11章　画像処理

```
    height,width,_ = im.shape
    for z in range(min(height,width)):
      for y in range(z):
        for x in range(z):
          if im[y,x,0] == 255:
            return [x,y]

def far_most_white(im, left, top):
    """ イメージim上，(left, top) から一番遠いところにある白の座標を
        返す. """
    height, width, _ = im.shape
    far = -1
    fx = fy = 0
    for y in range(top, height):
      for x in range(left, width):
        d = distance(left, top, x, y)
        if im[y,x,0]==255 and far < d:
          far = d
          fx, fy = (x, y)
    return [fx, fy]

def find_ball(im):
    """ イメージim からボールの中心，半径を [[cx, cy], r] の形式で返
        す. """
    left, top = nearest_white(ball2_binarized)
    right, bottom = far_most_white(ball2_binarized, left, top)
    return [[(right-left)/2, (bottom-top)/2],
            math.sqrt(distance(left, top, right, bottom))/2]
```

　プログラムの結果，直線の方程式と円の方程式の連立方程式は実数解を持つことがわかった．ビデオに映るシーンを数学的な視点で分析，分析の手順をプログラムに記述し，コンピュータが機械的に下した判定は「イン」．

　映像からは，ボールの形状は幾何学的な円ではなく，横方向からの力が加わって縦長に変形している印象がある．変形を認めた上でゴールラインとの重なりをとるか，変形にかかわらずボールの質量中心を中心と考えるか，議論は本章の分析の範囲を超える．

# 12

# Web アプリ

Web アプリとはその名の通り，Web の仕組みを利用したアプリケーションのこと．ブログや SNS などはその代表的なものだ．ネットワーク上で PC やスマホからの接続を待ち，様々なサービスを提供する．そういうアプリを本書で学んだ Python で作ってみよう．

利用するライブラリは Bottle[1]．同様の上級者向けライブラリとして，Flask, FastAPI, Django 等が知られているが，Bottle のとっつきやすさは初心者には大きな魅力だろう．Web アプリに興味のある人は，本章で肩慣らしを済ませた後，本格的な Web フレームワークに挑戦するのもいい．

Web アプリプログラミングでの要点はいくつかある．

- ブラウザに入力する URL と Python の関数をどう結びつけるか？
- ブラウザに入力する URL やフォームへの入力から Python の関数に引数を渡す方法は？
- URL に結びついて呼び出した Python の関数からどんな戻り値を返せばいいか？

その他，基本的な HTML の知識が前提となるが，"タグ <p> と </p> で囲んだ部分が段落として表示される" 程度の入門的知識で十分．CSS の知識があると，Web アプリの見栄えを自由にデザインできるようになる[2]．

---

[1] https://bottlepy.org/docs/dev/
[2] 本書では HTML/CSS を解説するページがない．ネット上の良質チュートリアルサイトを探そう．

## 12.1 URL

ネットの世界では URL (Uniform Resource Locator) と呼ばれる文字列でネット上のリソースを指定する．URL は Web アプリの世界ではエンドポイントと呼ばれることもある．両者は厳密には別物とされるが，同じと思ってもこの章の理解には影響ない．

URL の例は次．

> `http://127.0.0.1:8080/hello/Python`

この文字列は :, //, / で区切られ，左からプロトコル，アドレス，ポート，パスに分かれる．ポートに指定がない場合は，URL が http で始まっていれば 80, https で始まっていれば 443 が指定されたとする．

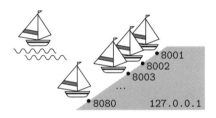

**図 12.1** ヨットが 127.0.0.1 港の 8080 ポートに接岸しようとしている図．すでに接岸しているヨットもある．接岸場所を示す URL はスキーム，アドレス，ポート，パスでネット上のリソースを特定する．スキームはプロトコルと呼ばれることもある．

サーバはネットワーク上の住所に相当するアドレスを持ち (図 12.1 の右側，岸壁として描いた．サーバのアドレスは便宜上 127.0.0.1 とした)，複数のポート 8001, 8002, ... で複数のサービスを提供している．ヨットはスマホや PC などのデバイスをイメージしたもの．サービスを受けるには，ヨットは目的のアドレス，目的のポートに接岸する必要がある．

**プロトコル** その港に接岸するための方法と許可証のようなもの．http, https が代表的．https の利用にはサーバ証明書と呼ばれるデジタルデータを適切な部局から手に入れること．

**アドレス** ネットワーク上におけるサーバの位置を表す数字．人間は数字を

覚えるのが苦手なので，www.google.co.jp や apple.com などの人間が覚えやすい名前をアドレスにつけている．そのような名前をアドレスに変換する DNS (Domain Name System) はネットワークの基幹となるサービスだ．

**ポート**　一つの港にも複数の埠頭がある．埠頭に相当するものがポート．開発の際は 1024〜65535 番の未使用ポートを使う．0〜1023 番までのポートはその用途が世界的に決められていて，管理者以外は近寄れない．

URL 中の左からポートまではサーバーが接岸を待つ場所を示している．スマホや PC のリクエストを指定したアドレス，ポートで待ち受ける Web アプリまで導くのはネットの仕事で，接岸後のここから先が Web アプリの担当になる．

**パス**　どのエンドポイントにどんな要求が届いたら，その要求にどんな応答を返したらいいのか．パスはコンピュータのファイルシステムのツリーと似ているが，（ツリーを表すものもある）別の物．この後で説明する．

## 12.2　Bottle is nice

ターミナルを開き，次のコマンドで Bottle をインストールすると準備は完了．

```
> python3 -m pip install bottle
```

次のプログラムを hello.py にセーブする．この短いサンプルプログラムで Web アプリの基本をおさえよう．

```python
from bottle import route, template, run

@route("/")
def index():
    return "<p>Bottle is nice.</p>"

@route("/hello/<name>")
def hello(name):
    return template("<h1>Hello {{arg}}!</h1>", arg=name)

@route("/plus/<x>/<y>")
```

## 152　第 12 章　Web アプリ

```
def plus(x, y):
    return template(
        "<p>{{one}}たす{{two}}は{{three}}ですよ. </p>",
        one=x, two=y, three=int(x) + int(y))


@route("/like/<what>/<bg>/<cl>")
def like(bg, cl, what):
    return template("like.html", what=what, bg=bg, cl=cl)


run(host="127.0.0.1", port=8080, debug=True, reloader=True)
```

▷ でプログラムの実行を開始すると VSCode の内部ターミナルが開き, 次が表示される. Web アプリが起動し, プロトコルは http, アドレスは 127.0.0.1, ポートは 8080, パスは / で接続を待っていることを示している.

```
Bottle v0.12.25 server starting up (using WSGIRefServer())...
Listening on http://127.0.0.1:8080/
Hit Ctrl-C to quit.
```

ターミナルに表示された文字列 http://127.0.0.1:8080/ を ctrl+click (マックであれば ⌘+click) するか, 自分のお好みのブラウザのアドレスエリアに 127.0.0.1:8080/ を入力すると, ブラウザの画面に[3],

> Bottle is nice.

が表示される. この"Bottle is nice."が Web アプリが http://127.0.0. 1:8080/ の要求に対して応答したものだ.

## 12.3　関数 route( )

プログラム hello.py を詳しく見てみよう.

一番上の from は利用する Bottle の 3 つのライブラリ関数, route(), template(), run() をインポートしている.

@route() はブラウザに入力される URL と Python の関数を結びつける役

---

[3] URL エリアへの入力では https://や http://を省略できるブラウザが多い. URL がアドレスまたはポート番号で終わっていたら / をその後ろにタイプして補う.

目をする. route の前につく '@' は関数を引数に取り関数を返す関数（高階関数の一種で，デコレータと呼ばれる）の印. @route 直下に定義される関数を引数に取るので，@route と def は空行なしでコーディングした方がいいだろう. 最初の@route("/")と次の行で定義する index() は，あわせて，「"/"がパスとして渡されたら関数 index() を呼ぶ」という働きをする.

### URL 中のパターンが引数になる

その下の行の，@route("/hello/<name>")と def hello(name) は,

パスとして"/hello/xxx" が渡されたら関数 hello("xxx") を呼ぶ

という働きをする. @route() 中の <...> はリテラルではなく，その場所にあてはまるパターンということ. http://127.0.0.1:8080/hello/Bottle で呼び出される関数は hello("Bottle") になる.

1. ブラウザに http://127.0.0.1:8080/ を入力する.
2. アプリに URL 中のパス部"/"が届く.
3. デコレータが関数 index() を呼び出す. その際，URL 中のパターンから引数を取り出し，index() に渡す.
4. 関数 index() の戻り値"<p>Bottle is nice.</p>"がブラウザに戻る.
5. 受け取ったブラウザが文字列中の HTML を解釈し， Bootle is nice. を表示する.

この動作が Web アプリの基本になる.

Web アプリは複数の@route() を持つことができる.

## 12.4 関数 template( )

関数 hello() は Bottle のライブラリ関数 template() の戻り値を return している.

ライブラリ関数 template() は第一引数の文字列中の二重波括弧{{ }}で囲まれた文字列を第2引数以下のキーワード引数（3.7.3 項）で与えられたデータに書き換えた文字列を返す. 例えばブラウザに入力された URL が 127.0.0.1:8080/hello/Bottle とすると，文字列 "Bottle" が関数 hello() の引数 name になり，関数 template() は,

```
template("<h1>Hello {{name}}!</h1>", name="Bottle")
```

として呼び出される．そして，第一引数の中の{{name}}が文字列Bottleに置き換わった "<h1>Hello Bottle!</h1>" がブラウザに戻り，ブラウザはこのHTMLを表示する（図12.2）．

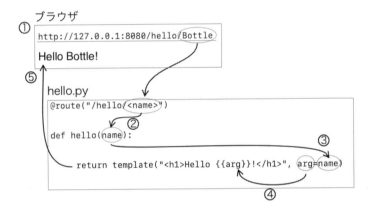

**図12.2** ① ブラウザにURLを入力する．② @routeのパターンにマッチした文字列が抽出され，関数helloの()の引数nameになる．③ hello()に渡された引数は関数template()のキーワードargの値になる．④ template中の{{arg}}にキーワード引数argの値"Bottle"がわたる．⑤ hello()の戻り値"Hello Bottle!"を受け取ったブラウザがホームページに表示する．

続いて，ブラウザのアドレスエリアに，127.0.0.1:8080/plus/10/20 をタイプ，エンターしてみよう．入力したURLのパス部"/plus/10/20"は上二つの@route()とはマッチせず，三番目の@route("/plus/<x>/<y>")とマッチする．

URLからx, yが取り出され，関数plus(x,y)の引数になって，関数が実行される．

ライブラリ関数template()の働きは上で述べたとおり．注意すべきは@routeから渡ってくる引数は文字列なので，関数int()で整数に変換してから足している点だ．int()を忘れると文字列xと文字列yを連結した文字列

が three の場所に入っていくことになる.

こうして, ブラウザ上には $10 + 20$ の計算結果が表示される.

> 10 たす 20 は 30 ですよ.

10, 20 を別の数に変えても正しい結果が表示されることを確かめよう.

### 型紙ファイル, views フォルダ

ライブラリ関数 template() には最終的に出力される HTML の型紙となる機能もある.

1.  hello.py をセーブしたフォルダに views の名前でフォルダを作り,
2.  そのフォルダ内に次の内容でファイル like.html をセーブする.

```
<!doctype html>
<html lang="ja">

<head>
  <meta charset="UTF-8">
  <title>テンプレートのテスト</title>
</head>

<body style='color:{{cl}};␣background-color:{{bg}}'>
  <h1>{{what}}が好きです🖤</h1>
</body>

</html>
```

波括弧で囲まれた{{cl}}, {{bg}}, {{what}} の部分は関数 template()
の第一引数に現れた文字列と同様に置き換わる. 4番目の@route("/like/<what>/
<bg>/<cl>")にマッチする URL, 127.0.0.1:8080/like/Python/red/white
をブラウザに入力し, 置き換えの様子を確認しよう. URL 中の<what>, <bg>,
<cl>にマッチした文字列でファイル like.html 中の{{what}}, {{bg}},
{{cl}} が置き換わったカラフルなページが表示される (図 12.3). URL 中の
Python, red, white を変えると, それに応じて表示も変わる.

**図 12.3** 127.0.0.1:8080/like/Pyhon/red/white で現れるホームページ．背景色が赤のウィンドウに白字で「Python が好きです♥」が表示されている．白黒印刷が残念．

## 12.5 関数 run( )

プログラム最終行の run() で Web アプリは起動する．このアプリはアドレス 127.0.0.1，ポート 8080 でゲストの到着を待ち（リッスンすると言う），デバッグ情報も出力する．

host="127.0.0.1"は自分自身を表す特別なアドレスだった．この設定の下ではアプリにアクセスできるのは自身の PC だけになる．host="0.0.0.0"に書き換えてアプリを再起動すると，ネットにつながる他の PC からのアクセスを許可するようになる．他 PC からのアクセスはセキュリティリスクにもなるため，host="0.0.0.0"を使うときは十分に留意しよう（図 12.4）．

**図 12.4** run(host="0.0.0.0",...) にしてアプリを再起動すると Windows は許可を求めてくる．「許可」をクリックすると，ネットでつながった他の PC からもこのアプリに接続できるようになる．

reload=True を設定すると，Bottle はプログラム（今の場合 hello.py）の書き換えを検知次第，アプリを自動的に再起動する．プログラム開発中は特に便利な設定だ．reload=False に設定すると，プログラムを書き換えてセーブしても変更は直ちにはアプリには反映しない．Ctrl+C でアプリを止め，アプリを再起動する手順が必要になる．

サンプルプログラム hello.py の説明は以上だ．HTML/CSS やデータベース利用の詳細は解説できなかったが，Web アプリの基本はネットワーク越しの関数呼び出しであることが理解できただろうか．

## 12.6　メモ帳アプリを作る

しめくくりにちょっと役に立つメモ帳アプリを作る．このアプリは，

- メモを日付とテキストでセーブする．
- 全てのメモを一覧表示できる．日付とテキストは短縮して表示する．
- 一つのメモを詳細に表示できる．
- メモは削除できる．
- 新規メモを追加できる．
- アプリを終了してもメモは残る．

まだ，説明していないのは，

- POST 引数
- ライブラリ関数 redirect()
- ライブラリ関数 static()
- テンプレートからの Python 呼び出し
- データの永続化

アプリを作りながら説明しよう．

### 12.6.1　メモ帳計画

メモはキーワード "id"，"time"，"memo" を持つ辞書（2.7 節）で表現する．"id" はユニークな整数，"time" はライブラリ datetime を利用してメモが作成された時刻を入れる．"memo" はメモ本体である．.

**図 12.5** 作成するメモアプリ．メモの一覧を表示している．メモをクリックすると詳細を表示する．メモは新規作成，削除できる．

```
{"id":  0, "time":  datetime.now(), "memo":  "メッセージ"}
```

メモを束ねたリスト data に複数のメモを保持する．

この実装はもちろん一案であり，もっと気の利いた実現方法も十分にあり得る．

メモが追加，あるいは削除された時は，逐次，data をファイルに保存する．アプリケーション終了後の再起動でファイルからそれまでに入力したメモを復元し，再利用できるようにする[4]．

memo フォルダを作り，その直下に memo.py と static, views の二つのフォルダを作る．static フォルダには CSS とイメージファイル，views フォルダにはテンプレートファイルをセーブする．各ファイルの内容は以下で説明する．

```
memo
├── memo.py
├── static
```

---

[4] 本格的な Web アプリならばデータベースを利用する場面だが，本書にはデータベースを扱うページ数が残っていない．MySQL や PostgreSQL を Python で利用するためのライブラリは複数ある．SQLite3 を利用するライブラリは組み込みになっている．

## 12.6.2 フォームと POST 引数

ブラウザから Web アプリに届くデータの種類は URL に埋め込まれたものの他，フォームに入力され，送信されるものがある．フォームとは次のような HTML プログラムによってブラウザに表示されるページ．

```
<form method="post" action="/create">
  input please:<br>
  <textarea name="memo" class="memo"></textarea><br>
  <input type="submit">
</form>
```

これをブラウザにかけると図 12.6 のデータ入力画面になる．

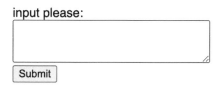

図 12.6

textarea に入力された文字列は，Web アプリに "memo" の名前で Web アプリのエンドポイント "/create" にわたる．この時のデータの渡し方は method="post" で指定される POST．

method="post" で渡された，名前が "memo" のデータを受け取るには，デコレータ @post の直下に定義する関数中に Bottle のライブラリ関数,

```
request.forms.getunicode(フォーム中の name で指定される文字列)
```

を使う．新規メモ入力画面の Submit ボタンで呼び出されるエンドポイン

*160* 第 12 章 Web アプリ

ト "/create" のコードは次のようになる（一部）；

```
@post("/create")
def create():
    ...
    memo = request.forms.getunicode("memo")
    ...
```

### 12.6.3 関数 redirect("/")

Web アプリのエンドポイントは呼び出されたら文字列を返すルール.

文字列 "&lt;p&gt;メモを受け取りました&lt;/p&gt;" でも OK ではあるのだが，メモを追加したら追加したメモまで含めたメモ一覧のページが表示される方が便利だろう[5]

Bottle のライブラリ関数 redirect("/") は関数が返す文字列を，アプリのエンドポイント "/" が返すものにすり替える.

### 12.6.4 関数 static_file( )

ライブラリ関数 static_file() はホームページをデザインする CSS や png などのイメージファイルをアプリが読み出すフォルダを指定する.

```
@route("/static/<filename>")
def server_static(filename):
    return static_file(filename, root="static")
```

このコードで，static フォルダ以下にセーブした memo.css ファイル，memo.png イメージは，アプリから "/static/memo.css", "/static/memo.png" という名前で参照できるようになる.

### 12.6.5 テンプレートファイルからの Python 呼び出し

フォルダ views 以下のテンプレートファイルは，関数 template() のキーワード引数を {{ }} で埋め込める他，Python のコードを % で始まる行に書ける.

次は memo アプリの views/memo.html ファイルの一部である．グローバル

---

[5] この辺の気配りが Web アプリの使い良さにつながる．プログラマとしては腕の見せどころの一部になる.

変数 data からメモ m を取り出し，"id"，"time"，"memo" を取り出す Python プログラムが % に続いて配置されている．

注意すべきは次の 2 点．

- for ループとして本来あるべきインデントがない．id=, tm=, text= の行に注目．
- インデントが戻る代わりに，本来の Python にない end でループの終わりを示す．

```
<ol>
% for m in data:
% id = m["id"]
% tm = str(m["time"])[0:10]
% text = m["memo"][0:10]
<li><a href='/show/{{id}}'>{{tm}} {{text}}</a></li>
% end
</ol>
```

### 12.6.6 データの永続化

アプリケーションを終了してメモもなくなってしまったら悲しい．

本来はデータベースの出番だが，ここでは標準ライブラリ pickle を利用し，データをファイルに記録するシリアライズと呼ばれる手法を採る．pickle にはシリアライズに必要な dump()，load() の両関数が定義されている．

```
from pickle import dump, load

def save():
    global data
    with open("memo.db", "wb") as wb:
        dump(data, wb)
    redirect("/")

def restore():
    global data
    if exists("memo.db"):
        with open("memo.db", "rb") as rb:
            data = load(rb)
```

162　第 12 章　Web アプリ

　グローバル変数の data は辞書のリストというデータ構造になっている．ラ
イブラリ pickle の dump() 関数で data をファイルにセーブできる形式に変
換し（シリアライズし），ファイル名 memo.db にセーブする．シリアライズし
たデータはテキストではないので，ファイルはバイナリモードでオープンする．

　このファイルを pickle の関数 load() で読めば（もちろん，ファイルはバ
イナリモードでオープンする），ファイルに保存したデータを再現できる．

　以上で memo アプリは完成．

　VSCode から memo.py を開いた状態で ▷，あるいはターミナルから python
memo.py でアプリを起動し，好きなブラウザで 127.0.0.1:8080/ を開いて
みよう．

memo.py

```python
from bottle import route, run, template, post, request,
    redirect, static_file
from datetime import datetime as dt
from os.path import exists
from pickle import dump, load

data = [
    {"id": 0, "time": dt.now(), "memo": "最初のメッセージ"},
    {"id": 1, "time": dt.now(), "memo": "二つ目のメッセージ"},
]

def next_id():
    """data 中の最大 id + 1 を返す."""
    global data
    return max([m["id"] for m in data]) + 1

def save():
    global data
    with open("memo.db", "wb") as wb:
        dump(data, wb)
    redirect("/")

def restore():
    global data
```

```
        if exists("memo.db"):
            with open("memo.db", "rb") as rb:
                data = load(rb)

@route("/")
def memo():
    global data
    return template("memo.html", data=data)

@route("/new")
def new():
    return template("new.html")

@post("/create")
def create():
    global data
    memo = request.forms.getunicode("memo")
    id = next_id()
    time = dt.now()
    data += [{"id": id, "time": time, "memo": memo}]
    save()
    redirect("/")

@route("/show/<id:int>")
def show(id):
    global data
    m = [m for m in data if m["id"] == id][0]
    return template("show.html",
                    id=id, time=m["time"], memo=m["memo"])

@post("/delete/<id:int>")
def delete(id):
    global data
    data = [m for m in data if not m["id"] == id]
    save()
    redirect("/")

@route("/static/<filename>")
def server_static(filename):
```

## 164　第 12 章　Web アプリ

```
        return static_file(filename, root="static")

restore()
run(host="127.0.0.1", port=8080, debug=True, reloader=True)
```

### views フォルダ

views フォルダに 3 つのテンプレートを用意した.

- memo.html...メモを一覧表示
- new.html...メモ新規作成用フォーム
- show.html...一通のメモを詳細表示，メモ削除ボタン

memo.html:

```
<!doctype html>
<html lang "ja">
<head>
  <meta charset="UTF-8">
  <link rel="stylesheet" href="/static/memo.css">
  <title>Memo</title>
</head>
<body>
  <h1><img src="/static/memo.png" class="memo">MEMO</h1>
  <ol>
    % for m in data:
    % id = m["id"]
    % tm = str(m["time"])[0:10]
    % text = m["memo"][0:10]
    <li><a href='/show/{{id}}'>{{tm}} {{text}}</a></li>
    % end
  </ol>
  <p><a href='/new'>New Memo</a>
</body>
</html>
```

12.6 メモ帳アプリを作る *165*

new.html:

```html
<!doctype html>
<html lang "ja">
<head>
  <meta charset="UTF-8">
  <link rel="stylesheet" href="/static/memo.css">
  <title>Memo:new</title>
</head>
<body>
  <h1><img src="/static/memo.png" class="memo">MEMO:new</h1>
  <form method='post' action='create'>
    input please:<br>
    <textarea name='memo' class="memo"></textarea><br>
    <input type='submit'>
  </form>
</body>
</html>
```

show.html:

```html
<!doctype html>
<html lang "ja">
<head>
  <meta charset="UTF-8">
  <title>"Memo:show"</title>
</head>
<body>
  <h1>MEMO:show</h1>
  <p class='time'>{{time}}</p>
  <p class='memo'>{{memo}}</p>
  <form method='post' action='/delete/{{id}}'>
    <input type='submit' value='delete'>
  </form>
</body>
</html>
```

## static フォルダ

staticフォルダにはアプリで使うイメージファイル，CSS ファイルをセーブする．

memo.png:

memo.css:

```
body {font-family: sans-serif;}

h1 {color: red;}

textarea.memo {width: 300px; height: 200px;}

p.time {font-family: monospace;}

img.memo {width: 1em;}

a:link {text-decoration: none;}

a:hover {color: white;background-color: blue;}
```

# 付　　録

## A.1　組み込み関数（抜粋）

　Python の標準ライブラリには 80 数個の組み込み関数がある．組み込み関数は import の手続きを経ずにプログラムやターミナルで起動した Python から直接呼び出せる．よく使う組み込み関数を選んで簡単な説明を加えた．説明は厳密さよりも簡明を第一とした．

　詳細は公式マニュアル https://docs.python.org/3/ を参照のこと.

abs(n)　n の絶対値を返す.

　　　>>> abs(10)

　　　10

　　　>>> abs(-10)

　　　10

all(xs)　イテラブル型の xs のすべての要素が True であるとき，True を返す．それ以外は False．xs がカラな時は True を返す．ほぼ，以下の動作をする.

```
def all(xs):
    for x in xs:
        if not x:
            return False
    return True
```

any(xs)　イテラブル型の xs の要素のうち True になるものが一つ以上あるとき True を返す．それ以外は False．xs がカラな時は False を返す．ほぼ，以下の動作をする.

```
def any(xs):
    for x in xs:
        if x:
```

```
                        return True
            return False
```

bin(x)　整数 x を 2 進数表現に変換した文字列を返す．戻り値の文字列には '0b' が先頭につく．

```
>>> bin(3)
'0b11'
>>> bin(-3)
'-0b11'
```

chr(i)　整数 i に対応する文字を返す．逆関数は ord().

```
>>> chr(97)
'a'
>>> chr(98)
'b'
```

eval(s)　文字列 s を Python の式として評価する．

```
>>> x, y = 1, 2
>>> "x+y"
'x+y'
>>> eval("x+y")
3
```

filter(f, xs)　関数 f を xs の一つひとつに適用し，True となる要素だけからなる filter オブジェクトを返す．filter オブジェクトのリスト化は list() で．

```
>>> filter(lambda x: x%2==0, range(10))
<filter object at 0x1049915d0>
>>> list(filter(lambda x: x%2==0, range(10)))
[0, 2, 4, 6, 8]
>>> list(filter(lambda x: isinstance(x, int), \
... ["3", 4, [5], 6.28, 7, 8, 10.0]))
>>> [4, 7, 8]
```

float(x)　数，または文字列の x を浮動小数点数に変換して返す．組み込み関数ではなくクラスだが，関数のように使える．

## A.1 組み込み関数（抜粋） 169

```
>>> float(3)
3.0
>>> float("3.14")
3.14
```

input(s)　文字列 s を表示して入力を待つ．戻り値はタイプ打ちされた文字列．改行文字を含まない．

```
>>> s = input("How are you? --> ")
How are you? --> 絶好調!
>>> s
'絶好調!'
```

int(s)　文字列 s を整数に変換．int() は組み込み関数ではなくクラスだが，関数のように使える．整数に変換できない文字列 s が与えられた時，例外 ValueError を出す．

```
>>> int("123")
123
>>> int("a")
Traceback (most recent call last):
  File "<stdin>", line 1, in <module>
ValueError: invalid literal for int() with base 10: 'a'
```

isinstance(obj, class)　オブジェクト obj はクラス class のインスタンスか？

```
>>> isinstance(1, int)
True
>>> isinstance(1, float)
False
>>> isinstance([1], list)
True
>>> isinstance("1", str)
```

len(s)　s に含まれる要素の個数を返す．

```
>>> len([1,2,3])
3
```

170 付　録

```
>>> len("apple")
5
```

list() 　引数を 0 個，あるいは 1 個取り，リスト化する．

```
>>> list()
[]
>>> list({1,2,3})
[1, 2, 3]
>>> list(range(10))
[0, 1, 2, 3, 4, 5, 6, 7, 8, 9]
```

map(f, xs) 　関数 f を xs の一つひとつに適用した map オブジェクトを返す．リスト化するには list() を使おう．

```
list(map(int, "123"))
[1, 2, 3]
>>> list(map(lambda n: 1 + n, range(5)))
[1, 2, 3, 4, 5]
```

max(xs) 　xs の最大値を返す．xs は複数の引数でも単一のリストでもよい．

```
>>> max(1,2,3)
3
>>> max([1,2,3])
3
```

min(xs) 　xs の最小値を返す．xs は複数の引数として与えてもリストとして与えてもよい．

```
>>> min(1,2,3)
1
>>> min([1,2,3])
1
```

open(fname, mode) 　ファイル名 fname をモード mode でオープンする．戻り値を使ってファイルを読み書きできる．

with と一緒に with open(fname, mode) as f: の形式で使おう．

ord(c) 　文字 c のコードポイントを返す．戻り値は整数．コードポイントに対応する文字を調べるには chr() が使える．

A.1 組み込み関数（抜粋）　　*171*

```
>>> ord('a')
97
>>> ord('b')
98
```

print(s0, s1, s2,...)　引数を 0 個以上複数個とり，プリントする．戻り
値は None.

```
>>> print("Hello", "Python!")
Hello Python!
>>> print(print(1,2,3))
1 2 3
>>> print(print(4,5,36))
4 5 6
None
```

3番目の例，4 5 6は print(4,5,6) がプリントした値，Noneが print()
の戻り値．

range(start, stop, step), start(start, stop), start(stop)
start から stop まで step 刻みの range オブジェクトを返す．start,
stop, step はすべて整数．start は範囲に含まれ，stop は含まれな
い．start を省略すると 0，step を省略すると 1 があるものと考える．
range オブジェクトのリスト化は list() で．

```
>>> list(range(1,10,2))
[1, 3, 5, 7, 9]
>>> list(ragnge(-2,3))
[-2, -1, 0, 1, 2]
>>> list(range(4))
[0, 1, 2, 3]
```

reversed(obj)　順序のあるオブジェクト obj を引数にとり，それを反転し
たオブジェクトを返す．

```
>>> list(reversed([1,2,3]))
[3, 2, 1]
>>> "".join(reversed("is good?"))
```

172 付　録

```
'?doog si'
>>> for s in reversed("god?"):
...    print(s)
...
?
d
o
g
```

round(number)　Python 的に，number に最も近い整数を返す．四捨五入の代用として使ってはいけない．

```
>>> round(0.5)
0
>>> round(1.5)
2
```

sorted(obj)　順序のあるオブジェクト obj を整列したリストを返す．

```
>>> sorted(['5', '2', '1', '3', '3', '4'])
['1', '2', '3', '3', '4', '5']
>>> sorted("345321")
['1', '2', '3', '3', '4', '5']
```

str(obj)　オブジェクト obj を文字列に変換して返す．正確には str() は組み込み関数ではなくクラスだが，関数のように使える．

```
>>> str(314)
'314'
>>> str(3.14)
'3.14'
>>> str(range(10))
'range(0, 10)'
>>> str(list(range(10)))
'[0, 1, 2, 3, 4, 5, 6, 7, 8, 9]'
```

sum(xs), sum(xs, start)　start + xs[0] + xs[1] + ...を返す．
start が省略された時は start=0 と考える．メソッド+が数，文字列，

A.1 組み込み関数（抜粋）　　173

リストに対する振る舞いを変えることを頭に入れるとリストの次元を下
げるイディオムも理解できる.

```
>>> sum([1, 2, 3, 4])
10
>>> sum([[1], [2, 3], [4, 5, 6]], [])
[1, 2, 3, 4, 5, 6]
```

type(object)　object が属するクラスを返す.

```
>>> type(1)
<class 'int'>
>>> type("123")
<class 'str'>
>>> type([1,2,3])
<class 'list'>
```

zip(xs, ys)　複数のリストの先頭要素, 2番目要素,,, をタプルとする zip
オブジェクトを返す. 要素が尽きたらそこで終わり.

```
>>> zip(['a','b','c'], range(100))
<zip object at 0x1049a4700>
>>> list(zip(['a','b','c'], range(100)))
[('a', 0), ('b', 1), ('c', 2)]
>>> list(zip(['a','b','c'], []))
[]
```

## A.2　Py99

　問題を理解し，題意を満足するプログラムを作って，動作確認し，提出するのが Py99 の基本．Py99 の問題には回答をチェックするテストコードがあって，テストに通らない回答は受け取らず，エラーで戻す設計になっている．

　解けた問題は他ユーザがどんな回答やコメントを寄せてるか，じっくり鑑賞しよう．

　問題が解けない間は他ユーザの回答，コメントは見れない．どうしても解決の糸口がつかめない時は QA に質問しよう．

**P1** 関数 hello_world_() を定義しなさい．hello_world_() を実行すると，'Hello, World!' をプリントする．

**P2** 関数 hello_(s) を定義しなさい．引数の s は文字列．hello_('Japan') は 'Hello, Japan' をプリントする．

**P3** 関数 hello(s) を定義しなさい．引数の s は文字列．hello('Japan') は文字列 'Hello, Japan' を返す．

**P4** 関数 greeting_() を定義しなさい．実行すると文字列の入力待ちになり，キーボードで入力した文字列（例えば abc）を使って，'Hello, abc' をプリントする．

**P5** 整数 x, y を引数にとり，それらの和，差，積，商をプリントする関数 arithmetic_(x, y).

**P6** 数 x, y を引数にとり，それらの和を戻り値とする関数 add2(x, y).

**P7** 数 x, y を引数にとり，それらの和をプリントする関数 add2_(x, y).

**P8** 円の半径を引数にとり，その円の面積を戻り値とする関数 en(r).

**P9** 円の半径をキーボードから読み，その円の面積をプリントする関数 en_().

**P10** 二次方程式 $ax^2 + bx + c = 0$ の a,b,c を引数に取り，方程式の解をリストで返す関数 eqn2(a, b, c)．重解や虚数解にも対応すること．

**P11** 正の小数点数 x を四捨五入した整数を返す関数 p_to_i(x)．注意：python の関数 round() は round(2.5) が 2 になってちょっとまずい．

**P12** 前問の p_to_i(x) を使って，x が負の小数点であっても x の正しい四捨五入値を返す関数 f_to_i(x) を定義してください．

**P13** 小数点数 x を小数点第 2 位で四捨五入した数を返す関数 f_to_f1(x).

f_to_f1(3.14159265) の戻り値は 3.1 になる．前問の f_to_i() を利用すること．

**P14** 小数点数 x を小数点第 n+1 位で四捨五入した数を返す関数 f_to_f(x, n)．f_to_f(3.14159265, 4) の戻り値は 3.1416 になる．前問までに定義した関数を利用すること．

**P15** 整数 x を引数にとり，それが偶数であれば True，奇数だったら False を返す関数 is_even(x)．

**P16** キーボードから整数ひとつを入力し，それが偶数だったら'偶数です'，奇数だったら'奇数です'とプリントする関数 parity_()．

**P17** 数 x を引数に取り，それが負数だったら-1，ゼロと等しければ 0，正数であれば 1 を返す関数 sign(x)．

**P18** 彼・彼女の年齢を y とする．彼・彼女がティーンエイジャーだったら True，そうでなければ False を返す関数 is_teenage(y)．

**P19** 3 つの正数を引数とし，それらの数を各辺とする三角形がありうるかどうかを判定する関数 is_triangle(x, y, z)．一番長い辺の長さはそれ以外の二つの辺の長さの和よりも短いってこと．関数 sort() の利用は禁止．sorted() も．

**P20** 3 つの正整数を引数とし，それらの長さを各辺とする直角三角形がありえるかどうかを判定する関数 is_normal_triangle(x, y, z)．関数 sort() を使わずに．

**P21** 西暦 year を引数にとり昭和，平成，令和の和暦を表す文字列を返す関数 era(year)．era(2023) は'令和 5 年'を返す．1926 年，1989 年，2019 年はそれぞれ'昭和元年'，'平成元年'，'令和元年'を返すこと．

**P22** 西暦 year を引数にとり，閏年であれば True，そうでなければ False を返す関数 is_leap(year)．西暦が 4 で割り切れれば閏年．ただし，100 で割り切れる時は平年．ただし，400 で割り切れる時は閏年．

**P23** hh 時 mm 分 ss 秒の hh, mm, ss を引数にとり，00 時 00 分 00 秒からの通算秒に変換した整数を戻り値とする関数 time_to_int(hh, mm, ss)．単純な return hh*3600 + mm*60 + ss は求める答えではない．

**P24** 二つの時刻 h1:m1:s1 と時刻 h2:m2:s2 を表す整数を引数に取り，その時刻間の秒数を整数で返す関数 sec_between(h1, m1, s1, h2, m2,

176　付　録

s2)．h1:m1:s1 の方を過去時間とする．戻り値がマイナスになること
もある．前問の time_to_int() を利用すること．

**P25** 平年の m1 月 d1 日から同年 m2 月 d2 日までの日数を返す関数 days(m1,
d1, m2, d2)．ライブラリの datetime() 関数は使わずに．

**P26** 関数 days_between(y1, m1, d1, y2, m2, d2) を定義しなさい．
y1 年 m1 月 d1 日から y2 年 m2 月 d2 月までの日数を返す．自分は今日
まで何日生きてきたか？前問の is_leap()，days() を利用して関数
days_between() をプログラムしてみよう．

**p27** $\sum_{i=n}^{m} i$ を求める関数 sum_int(n, m)．n,m は整数．n ≤ m とする．

**P28** 整数 n から m までの三乗和 $\sum_{i=n}^{m} i^3$ を求める関数 sum3(n, m)．n ≤ m と
する．

**P29** n から m の整数のうち，奇数だけの和を求める関数 sum_odds(n,m)．
n ≤ m とする．

**P30** 整数 n を引数とし，それが 3 の倍数だったら 3，5 の倍数だったら 5，3
の倍数でもあり，かつ，5 の倍数でもあったら 8，いずれでもなかった
ら 0 を返す関数 fz(n)．

**P31** fz(n) + fz(n+1) + ... + fz(100) を求める関数 sum_fz100(n)．
n > 100 の時は例外を投げろ．

**P32** (孫子の問題改) 31 で割って 1 余り，557 で割って 2 余り，7537 で割っ
て 3 余る正の整数の最小のものはなにか？関数 sun_tzu() を定義しな
さい．思考停止の単純ループは良くない．解に達するまでのステップを
できるだけ短く．ループを何回まわって正解に辿り着きましたか？

**P33** キーボードから複数の整数を入力，負の数が入力されたらそれまでに入
力された整数を合計してプリントする関数 sunlive_()．関数の名前は
spina_() あるいは HelloDay_() でも良い．サンリブ，スピナ，ハロ
ディのレジをイメージするとよい．

**P34** リスト xs 中の要素の平均値を返す関数 mean(xs)．numpy.mean を使
うのは反則とする．ライブラリに頼らず自力でプログラムしてみよう．

**P35** ソーティングされた整数リスト xs の中央値を返す関数 median(xs)．

A.2　Py99　　177

numpy.median を使うのは反則とする．ライブラリに頼らず自力でプログラムしてみよう．

**P36**　整数のリスト xs の最頻値を返す関数 mode(xs)．numpy.mode を使うのは反則とする．ライブラリに頼らず，自力でプログラムしてみよう．

**P37**　文字列 s を逆にした文字列を返す関数 reverse_str(s)．s[::-1] や reverse()，reversed() を使わずに．

**P38**　文字列 s に含まれる文字 c をリストで返す関数 find_char(s, c)．find_char('apple','p') は ['p', 'p'] を返す．

**P39**　文字列 s に含まれる文字 c の数を返す関数 count_char(s, c)．count_char('apple','p') は 2 を返す．

**P40**　文字列 s に含まれる単語の数を返す関数 count_words(s)．単語はスペースで区切られた文字列．count_words('I love you.　I need you.') の戻り値は 6．

**P41**　"kimura takuya smap"のような文字列 s を引数とし，その単語の先頭文字を大文字にした文字列"Kimura Takuya Smap"を返す関数 to_uppers(s)．title() の使用禁止．単語間のスペースが 1 個じゃなかったらどうする？

**P42**　二つの数 x, y のどちらか大きい方を返す関数 max2(x, y)．組み込み関数の max を使うのは反則とする．この問題を解いたら引き続き次の P43 に取り掛かること．

**P43**　三つの数 x, y, z の最大値を返す関数 max3(x, y, z)．組み込み関数の max を使うのは反則とする．sorted も反則．前問で定義した max2() を利用するんだ！

**P44**　リスト xs 中の要素の最大値を返す関数 max_in_list(xs)．組み込み関数の max, sorted, sort を使うのは反則とする．max2() 使うとしたらどこ？

**P45**　リスト xs 中の要素の最大値のリストを返す関数 maxen(xs)．関数 max_in_list(xs) との違いは，最大値が複数ある場合にそれらをリストで返すことだ．

**P46**　$0 \leq r < $ n の整数乱数 $r$ が m 個入ったリストを返す関数 list_randoms(n, m)．

178　付　　録

**P47** rs = list_randoms(n0, m) で作った整数乱数リスト rs 中にみつからない $0 \leq r <$ n1 の整数 $r$ を小->大に並んだリストで返す関数 not_found(rs, n1).

**P48** ビンゴゲーム用の bingo(n). 戻り値は $1 \sim$ n の n 個の整数が重複なく順番バラバラに入った配列. shuffle() と random.sample() を使うのは反則としておこう.

**P49** （モンテカルロメソッド）$-1 \leq x < 1, -1 \leq y < 1$ となる乱数 $(x, y)$ を 1000 個発生させる. そのうち, $x^2 + y^2 < 1$ となる $(x, y)$ の数を $n$ とすると, $n/1000$ は円周率 pi の近似値となる. 関数 monte_carlo_pi(m) を定義せよ. m は繰り返しの回数. m をより大きくすると近似が良くなることを確認せよ.

**P50** $4/(1+x^2)$ を $x$ について 0 から 1 まで数値積分すると円周率の近似値が得られる. 上のモンテカルロ法で求めた円周率と 精度, 計算時間を比較せよ. 4*(math.atan(1)-math.atan(0)) や sympy.integrate() はこの問題が求める解ではない.

**P51** 整数 n は何桁かを返す関数 digits(n). n は負の整数の時もある. digits(55) は 2, digits(-55) も 2 を返せ. abs() の使用を禁止としたらどうする？

**P52** 整数 n の各桁の総和を返す関数 sum_of_digits(n). n が負の整数の場合もある. sum_of_digits(-12345) は 15 だ.

**P53** 一の位が 0 でない整数 n の各桁の数字を逆転した整数を返す関数 reverse_int(n). **P37** の回答を利用すること.

**P54** 文字列 s が学生番号かどうかを判定する is_id(s). 学生番号とは, 数字が 3 つの後に, 英大文字一つ, その後, 数字が 4 つの 8 文字からなる文字列.

**P55** 左右どちらから読んでも同じになる文を回文という. 文字列 s が回文かどうかを判定する関数 is_palindrome(s).

**P56** 左右どちらから読んでも同じ値になる数を回文数という. 整数 n が回文数かどうかを判定する関数 is_palindrome_number(n).

**P57** 2 桁の数の積で表される回文数のうち, 最大のものは $9009 = 91 \times 99$ である. max_palindrome(sm, lg) を定義し, 3 桁の数の積で表され

A.2 Py99 179

る回文数の最大値を求めよ. 実行時間を回答の下にコメントで.

**P58** 正整数 n を引数とし, その約数のリストを返す関数 divisors(n).
1 と n 自身も n の約数だ (0 を除く).
[for i in range(1, n + 1) if n % i==0] では計算に時間がかか
りすぎ, これ以降の Py99 を解く時にタイムアウトが発生するのでダメ.

**P59** 正整数 n を引数とし, その約数の和を返す関数 sum_of_divisors(n).

**P60** n 以下の整数のうち, もっとも約数の多い数のリストを返す関数
most_divisors(n). most_divisors(10) は [6,8,10] を返す.
most_divisors(1000) は幾つある?

**P61** math.gcd() を使わずに, 正の整数 x, y の最大公約数を返す関数
gcd2(x, y) を定義しなさい.
gcd2(2,3**100) の値は? gcd2(2**100, 3) は?

**P62** math.gcd() を使わずに, 正の整数 x, y z の最大公約数を返す関数
gcd3(x, y, z) を定義しなさい. 前問の gcd2() を利用せよ.

**P63** 正の整数のリスト xs を引数に取り, xs に含まれる整数すべての最大公
約数を返す関数 gcd_all(xs). math.gcd() は使わずに.

**P64** 正整数 n が完全数かどうかを判定する関数 is_perfect(n). n が完全
数であるとは n の約数の総和が 2n と等しくなる数である.

**P65** n よりも大きい完全数を求める関数 next_perfect(n).

**P66** 正の整数 n を引数に取り, n が素数であれば True, そうでなければ
False を返す関数 is_prime(n). len(divisors(n))==2 のような素
朴な回答はこれ以降で計算に時間がかかりすぎの問題を引き起こす. 数
学には時間の概念がないが, コンピュータは計算時間, 計算に必要にな
るメモリの量と無関係にはできない.

**P67** 正の整数 n を引数に取り, n 以下の素数は何個あるかを戻り値とする関
数 primes(n). primes(10000) の戻り値は 1000 より大きい. 自身の
PC で primes(10000) の実行に要した時間を回答の下にコメント文で
足そう.

**P68** 正数 n 未満の最大の素数を返す関数 max_prime_under(n). 効率も考
えること. max_prime_under(2**31) の実行時間をプログラムの下に
コメント文で.

180     付　　録

**P69** 正数 n 未満の 2 番目に大きい素数を返す関数 submax_prime_under(n).
効率も考えること. submax_prime_under(2**31) の実行時間をプロ
グラムの下にコメント文で.

**P70** n 未満の素数の和を求める関数 sum_primes_under(n).
sum_primes_under(10) の戻り値は 17, sum_primes_under(100000)
の戻り値は 454396537. sum_primes_under(100000) の実行時間をプ
ログラムの下にコメント文で.

**P71** 4 番目までの素数を足すと $2 + 3 + 5 + 7 = 17$. n 番目までの素数
を足す sum_primes_nth(n). 1000 番目までの素数の和を求めなさい.
sum_primes_nth(1000) の実行時間をプログラムの下にコメント文で.

**P72** 正の整数 n を素因数分解する関数 factor_integer(n). 戻り値は素因
数のリスト. factor_integer(203269561935987) の結果と実行時間
をプログラムの下にコメント文で.

**P73** 600851475143 の素因数のうち最大のものを求めよ. 600851475143 の
最大の素因数とそれを求めるに要したプログラムの実行時間をプログラ
ムの下にコメント文で.

**P74** リスト xs の各要素を n 倍したリストを返す関数 times_n(xs, n).

**P75** 偶数長さのリスト xs の偶数番めの要素だけを抜き出したリストを返す
even_index(xs). 最初の要素は 0 番目と数える.

**P76** 整数リスト xs に含まれる偶数だけを抜き出す evens_only(xs).

**P77** 要素 item が m 個あるリストを返す関数 repeat_item(item, m).

**P78** リスト xs = [x1, x2, ...] とリスト ys = [y1, y2, ...] からリ
スト [[x1, y1], [x2, y2], ...] を作る関数 my_zip(xs, ys).

**P79** リスト xs を先頭から n 個ずつの要素をとったサブリストに分けたリ
ストを返す関数 partition(n, xs). xs の長さはちょうど n の倍数
になっていると仮定してよい. partition(2, [1, 2, 3, 4, 5, 6])
は [[1, 2], [3, 4], [5, 6]] を返す.

**P80** 二次元リスト xss を一次元リストに平たくする関数 flatten(xss).
flatten([[1, 2], [3, 4], [5, 6]]) は [1, 2, 3, 4, 5, 6] を
返す.

**P81** リスト xs とリスト y も両方に含まれる要素をリストで返す commons(xs,

A.2 Py99　*181*

ys). set() を使わずに.

**P82** リスト xs から重複を除いたリストを作って返す distinct(xs). set はなしよ. リストに出てくる順番, 狂っちゃうから.

**P83** リスト xs とリスト ys から作った重複要素のないリストを返す関数 join_distinctly(xs, ys).

**P84** リスト xs の要素をそれぞれ 2 個に増やす関数 dupli(xs). dupli([4, 2, 3]) は [4, 4, 2, 2, 3, 3] を返す.

**P85** リスト xs の要素をそれぞれ n 個に増やす関数 repli(xs,n). repli([1, 2, 3], 3) は [1, 1, 1, 2, 2, 2, 3, 3, 3] を返す.

**P86** リスト xs から連続する要素を削除したリストを返す dedupe(xs). dedupe([1, 1, 1, 2, 2, 3, 3, 3, 3]) の戻り値は [1, 2, 3].

**P87** リスト xs を圧縮する関数 compress(xs). compress([3, 3, 3, 'a', 'a', 1, 'b', 'b', 'b']) の戻り値は [[3, 3] , ['a', 2] , [1, 1] , ['b', 3]] になる. compress([1,1,1,2,2,1,1,1,1] ) の戻り値は [[1,3] ,[2,2] ,[1,4]].

**P88** **P87** の関数 compress(xs) によって圧縮されたリスト xss を元に戻す関数 expand(xss). expand([[3, 3] , ['a', 2] , [1, 1] , ['b', 3]]) の戻り値は [3, 3, 3, 'a', 'a', 1, 'b', 'b', 'b'] になる.

**P89** 連立方程式 ax + by = c, dx + ey =f を [[a, b, c], [d,e,f]] で表す. x + 2y = 3, 4x + 5y = 6 の解を solve_2([[1, 2, 3], [4, 5, 6]]) により求める関数 solve_2().

**P90** 2520 は 1 から 10 の数字のすべての整数で割り切れる最小の整数である. 1 から 20 までの整数すべてで割り切れる最小の整数は何か?

**P91** 整数 n は平方数かを判定する関数 is_square(n). 237169 は平方数である. math.sqrt(), **0.5 の使用は反則とする. is_square(2341430940102) の結果と実行時間を回答コードの下にコメントで.

**P92** 整数 n が立方数であることを判定する関数 is_cubic(n). 9663597 は立方数である. is_cubic(9663597) の実行時間を解答に.

**P93** 整数 n が二つの整数の 2 乗の和として表されるかどうかを判定する関数

182 付 録

list_square_sum(n).

list_square_sum(3) の戻り値は [ ]．list_square_sum(30505) は [[576, 29929], [15129, 15376]] を返す．

**P94** 1000000 未満の整数で，平方数かつ立方数でもある最大の数は何か．square_cubic(n)．square_cubic(1000000) の戻り値は 531000 より大きい． square_cubic(1000000) の実行時間を回答にコメント文で．

**P95** フィボナッチ数列を計算する関数 fibo(n) を定義せよ．fibo(0) = 0，fibo(1) = 1，fibo(n) = fibo(n-1) + fibo(n-2)．fibo(35) の実行時間を回答にコメントで．

**P96** フィボナッチ数列を素早く計算する fast_fibo(n)．定義通りのプログラムは同じ f(n) を何度も計算するので遅い．それを計算せずに済ませられると速くなる．

**P97** 最初に n を超えるフィボナッチ数を返す関数 fibo_over(n)．fibo_over(20000) の戻り値は 30 より小さい．

**P98** n が 1 の時 1，n が偶数の時 n/2，奇数の時 3n+1 を返す関数 c(n) を定義せよ．問題はここから．その戻り値を再び関数 c() の引数とし，同じ計算を繰り返すと，どんな n から始めてもいつかは 1 にたどり着くという「Collatz の予想」がある．現時点でまだ証明はされてない．n から始めて c() を繰り返し，1 にたどり着くまでの c() の呼び出し回数を返す関数 collatz(n) を定義し，$1 \leq n \leq 100$ の n について，collatz(n) を求めよ．collatz(n) を最大とする n は何か？collatz(1)=1，collatz(2)=1，collatz(3)=7 である．

**P99** numpy を使わず行列積 mat_mul(A, B) を実装しなさい．定義した関数と numpy.matmul() との速度差はどのくらいか？巷では 50 倍とされているが，本当か？$100 \times 100$ の乱数行列で確かめること．ループで回っただけで，計算結果を確認してないじゃ，比較にならない．

# 索　引

## 記号

_, 14

## A

abs(), 167
add2(), 174

## B

bingo(), 178
Black Formatter, 5
Bottle, 149

## C

close(), 66
code ., 9
collatz(), 182
commons(), 181
compress(), 181
count(), 88
count_char(), 177
count_words(), 177
cv2, 130

## D

days(), 176
days_between(), 176
dedupe(), 181
destroyWindow(), 131
dictionaries, 21
diff_x(), 142
digits(), 87, 178
distinct(), 181
DNS, 151

docstring, 30
dupli(), 181

## E

en(), 174
enlarge(), 140
eqn(), 174
era(), 175
even_index(), 180
evens_only(), 180
expand(), 181

## F

f_to_f(), 175
f_to_f1(), 175
f_to_i(), 174
factor_integer(), 180
fast_fibo(), 182
fibo(), 182
fibo_over(), 182
filter, 100
find_char(), 177
Flake8, 5
flatten(), 180
flip_y(), 138
fz(), 176

## G

gcd_all(), 179
gcd2(), 179
gcd3(), 179
graying(), 142

## H

hello(), 174

## I

imread(), 134
imshow(), 131
imwrite(), 135
is_cubic(), 181
is_even(), 175
is_id(), 178
is_leap(), 175
is_near(), 142
is_normal_triangle(), 175
is_palindrome(), 178
is_palindrome_number(), 178
is_perfect(), 179
is_square(), 181
is_teenage(), 175
is_triangle(), 175

## J

join_distinctly(), 181

## L

lambda, 109
len_recur(), 86
len_tco(), 89
list(), 170
list_randoms(), 177

184　索　引

list_square_sum(),
　　182

## M

map, 98
mat_mul(), 182
max, 170
max_in_list(), 177
max_palindrome(),
　　179
max_prime_under(),
　　179
max2(), 177
max3(), 177
maxen(), 177
mean(), 176
median(), 177
min, 170
mode(), 177
monte_carlo_pi(),
　　178
most_divosors(), 179
my_zip(), 180

## N

next_perfect(), 179
not_found(), 178
numpy, 131

## O

OpenCV, 127
opencv-python, 127

## P

p_to_i(), 174
partition(), 180
PEP8, 78
predicate, 100
primes(), 179
print(), 171

python3, 11
Python インタプリタ,
　　11

## R

range(), 51, 171
read(), 135
readline(), 65
release(), 135
remove(), 68
repeat_item(), 180
repli(), 181
return, 31
reverse_int(), 178
reverse_str(), 177
revsersed(), 171
rotate(), 138
round(), 172
route, 152
run, 156

## S

s_prime(), 179
sec_between(), 176
setup.zip, 2
shape, 136
sign(), 175
smaller(), 139
solve_2(), 181
square_cubic(), 182
submax_prime_under(),
　　180
sum(), 173
sum_fz100(), 176
sum_int(), 176
sum_odds(), 176
sum_of_digits(), 178
sum_primes_nth(),
　　180

sum_primes_under(),
　　180
sum_recur(), 87
sum3(), 176
sun_tzu(), 176

## T

template, 153
time(), 105
time_to_int(), 175
times_n(), 180
to_uppers(), 177
type(), 173

## U

uint8, 129
URL, 150

## V

VideoCapture, 135

## W

waitKey(), 131
Web アプリ, 149
winget, 3
with, 66
write(), 65

## Z

zeros(), 129
zip(), 173

## あ

アリティ, 35
アリティ不定, 35
イメージ行列, 129
インデント, 27
上矢印キー, 14

## か

改行文字, 66